스스로 도전하는 아이의 인생에는 막힘이 없다

스스로 도전하는 아이의 인생에는 막힘이 없다

초판 1쇄 펴낸날 2007년 9월 1일
초판 2쇄 펴낸날 2008년 12월 22일

지은이 | EBS 기획다큐멘터리-동기 팀, 이무용
펴낸이 | 하연수
펴낸곳 | 기획출판 거름

출판등록 | 제 7-11호(1979년 6월 28일)

121-819 서울시 마포구 동교동 197-25 신한빌딩 6층
이메일 | master@keorum.com
홈페이지 | www.keorum.com
Tel (02)333-2121 / Fax (02)333-7877

ISBN 978-89-340-0356-4 03370
책값은 뒤표지에 있습니다.

스스로 도전하는 아이의 인생에는 막힘이 없다

EBS기획다큐멘터리-동기 지음

| 서문 |

목표를 향해 스스로 나아가는 힘, 동기를 키워주세요

동기란 '스스로 하려는 마음'이다. 아기들은 자의식이 생기는 순간부터 자기 스스로 무언가를 해낸다는 사실에 큰 기쁨을 느낀다. 처음으로 문 여는 방법을 깨달은 아이들은 누가 도와주려고 하면 울면서 자기가 열겠다고 나선다. 신발끈 매는 것을 알게 된 아이는 누가 시키지 않아도 몇 분 몇십 분이고 쪼그리고 앉아서 혼자 힘으로 신발끈을 매려고 노력한다. 이렇게 누가 시키지 않아도 그 과정에서 기쁨과 즐거움을 느껴 스스로 하려는 마음, 이것이 바로 동기이다.

또한 동기는 '목표를 향해 나아가는 힘'이기도 하다. 살면서 갖게 마련인 다양한 목표들, 예컨대 건강이든 우정이든, 원하는 학교로의 진학이든 유학이든, 혹은 더욱 성장해서 갖게 되는 그 어떤 목표이든 간에 사람은 누구나 무언가 하고자 하는 목표를 갖고 있다. 이때 동기가 바로 그 목표를 향해 나아가게 하는 추진력이다.

그런데 무언가를 이루고자 하는 힘만 가지고 계속 앞으로 나아갈 수는 없다. 왜냐하면 앞으로 나아가다 보면 안팎에서 필연적으로 크고작은 유혹이 찾아오게 마련이고, 또 실패를 할 수도 있기 때문이다. 따라서 해당 분야의 어떤 능력을 가지고 있는 것이 성공의 능사는 아니다.

그럼에도 불구하고 사람들은 목표를 달성하고 성취하고 위해 가장 중요한 것은 문제해결능력이라고 생각하는 경향이 있다. 그래서 좋은 대학에 가기 위해서는 수학, 영어를 잘하고 머리가 좋으면 된다고 생각하기 쉬운데, 이런 것들은 의외로 결정적인 요소가 아니다. 성취에서 가장 중요한 것은 앞서 말한 '동기'와 실패나 좌절을 겪었을 때 그것을 잘 이겨내는 '자기통제력'이다.

문제해결능력만 중요하다고 생각하는 부모들은 아이들을 학원 보내거나 과외를 시켜서라도 어떻게든 그 능력을 키워주려고 하는데, 실제로 성공과 실패의 차이는 거기서 나는 게 아니다. 결국 목표를 성취하는 아이들은 숙제든 약속이든 지킬 것을 미루지 않고 지키는 아이들이고, 자기 자신을 조절하고 통제할 줄 아는 능력이 있는 아이들이 힘든 상황을 이겨내고 결국에는 성공한다. 이런 아이들이야말로 가령 "학원 다니는 게 힘들어요."라고 말은 해도 부모가 "그럼 학원을 줄일까?"라고 물어보면 "아니야, 내가 한번 해 볼게."라고 대답한다.

동기나 자기통제력을 갖고 있는 아이와 그렇지 않은 아이는, 어렸을 때는 몰라도 그 아이들이 점점 커 갈수록 그 차이가 극적으로 나타난다. 따라서 부모의 역할이 중요하다.

성격이나 지능처럼 동기 역시 선천적으로 타고나는 부분도 있지만, 육아와 교육을 통해 상당 부분 키우고 조절할 수 있다. EBS 특집다큐 〈동기〉 2부작은 바로 이 부분에 초점을 맞춰 제작되었다. 방송 1부 〈동기, 실패를 이기는 힘〉에서는 일선 유치원이나 초등학교에서 실시된 각종 실험을 통해 동기가 우리의 사고방식과 행동 전반에 미치는 영향을 살펴보았다. 이어서 2부 〈동기 없는 아이는 없다〉에서는 초등학생 자원자들을 대상으로 두 달간 '동기 유발 프로젝트'를 실시하여 동기가 학업에 어떤 영향을 미치는지, 동기가 저하되어 있는 아이들은 구체적으로 어떻게 지도해야 하는지 등을 살펴보았다.

그리고 방송 제작에 도움을 주었던 교육학계 전문가들의 자문과 조언을 더하여 이 책이 만들어졌다. 총 3부로 이뤄진 이 책을 천천히 읽어가다 보면 자연스럽게 노력, 도전, 그리고 행복의 연결고리를 발견하게 될 것이다.

자녀가 진심으로 행복하게 살기를 바란다면 '자신을 스스로 통제하고 노력할 줄 아는 능력'과 '실패를 두려워하지 않는 도전정신'을 반드시 심워줘야 한다. 이것이 부모가 자녀에게 줄 수 있는 가장 위대한 선물이다.

contents

- **서문**
  목표를 향해 스스로 나아가는 힘, 동기를 키워주세요

- **들어가기 전에**
  인생은 약간의 성공과 대부분의 실패로 가득 차 있다

| 제1부 |
자신을 스스로 통제할 수 있는 아이로 키워라

1. 노력, 자기통제력이 문제다 • 19
2. 노력형 아이는 타고나는 것일까 • 22
3. 참고 기다려 더 큰 이익을 얻게 하라 • 26
4. 아이와의 약속을 지키고 애착관계를 형성하라 • 35

| 제2부 |
실패하면 좌절하는 아이, 더욱 힘을 내는 아이

1. 실패의 원인을 어디에서 찾는가 • 45
2. 능력의 부족? 노력의 부족! • 52
3. 학습목표와 평가목표 • 56

4 학업 성과를 높이는 학습목표의 위대한 힘 • 66
5 학습목표를 가진 아이가 행복하다 • 80
6 학습목표를 키워주는 환경을 만들어라 • 84

| 제3부 |
아이의 잠재력을 극대화시키는 동기 향상 프로젝트

1 아이의 내적 동기를 키워라 • 101
　- 보상이 없으면 흥미를 느끼는 못하는 학윤이

2 적절한 목표를 제시하라 • 116
　- 무기력에 빠진 순근이

3 지금 똑똑한 아이보다는 점점 똑똑해지는 아이로 키워라 • 126
　- 똑똑한 아이 콤플렉스에 사로잡힌 신영이

4 절대적인 평가를 하라 • 134
　- 비교와 경쟁의 분위기에 눌린 동성이

5 자신감과 자율성이 동기를 키운다 • 141

6 독이 되는 칭찬, 약이 되는 칭찬 • 150

7 부모가 먼저 변해야 한다 • 154

| 들어가기 전에 |

인생은 약간의 성공과
대부분의 실패로 가득 차 있다

초등학생만 되어도 아는 에디슨의 이야기에는 사실 놀라운 비밀이 숨겨져 있다. 에디슨은 백열전등을 비롯해 탄소전화기, 축음기, 영화촬영기 등 모두 1,000종이 넘는 발명을 했다. 하지만 그의 어린 시절은 어땠는가. 초등학교에 입학한 지 3개월 만에 퇴학을 당했고, 10대 시절에는 청각장애까지 앓았다. 이렇게 불리한 상황에서 어떻게 그는 그 엄청난 성취를 이뤄낼 수 있었을까? 에디슨이 평생을 바친 발명이라는 것에 초점을 맞춰 보자.

발명은 이 세상에 없던 것을 만들어내는 것이다. 없는 것을 만들어내기 위해 노력한다는 건 어떤 의미일까? 그것은 어쩌면 연금술처럼 실현 불가능한 것인지도 모른다는 가정을 깔고 있다. 평생을 바쳐도 이뤄내지 못할 수도 있다는 뜻이다.

또한 발명은 수없이 많은 실패를 필요로 한다. 에디슨은 1,000여 종의 발명품을 만들기 위해 과연 몇 번의 실패를 경험했을까? 각 품목당 100번씩만 실패를 했다고 가정해도 십만 번의 좌절을 맛봤을 것이다. 어쩌면 그의 실패 횟수는 백만 번이 넘었을지도 모른다. 백열등을 발명하기 위한 실패만 해도 수만 번에 이른다고 알려지지 않았는가.

그리고 발명은 세상의 모든 일과 마찬가지로 엄청난 노력이 필요하다. 그도 보통 사람들처럼 술도 마시고 카드도 하면서 놀고 싶었던 때가 왜 없었겠는가. 제 아무리 발명이 좋다고 해도 매번 그런

유혹을 이겨내기는 쉽지 않았을 터. 그런데 그가 발명한 것들의 숫자를 보면 '거의' 모든 유혹을 이겨냈던 것만 같다.

이미 널리 알려진 이 이야기에는 우리가 진지하게 생각해 볼 만한 미스터리가 숨어 있다.

첫 번째는 엄청난 노력이다. "천재란 99%의 노력과 1%의 영감으로 이뤄진다."고 한 그의 유명한 말에서 얼마나 많은 노력을 했는지 능히 짐작할 수 있다. 그렇다면 어떻게 에디슨은 그런 엄청난 노력을 할 수 있었고, 왜 '보통 사람들'은 그만큼 노력할 수 없는 것일까? 곰곰이 생각해 보면 노력하지 않는 이유가 아니라 노력하지 못하는 이유다. 그것은 과연 무엇일까.

두 번째 미스터리는 '그는 왜 포기하지 않았을까' 하는 것이다. 십만 번 혹은 백만 번의 실패를 했는데도 그는 포기하지 않았다. 다이어트 실패, 금연 실패, 수능 실패 등 우리는 한 번의 실패만으로도 크게 좌절하고 상심한다. 좌절감과 상심은 시간이 지나면 잊어버릴 수도 있다지만, 훌훌 털어버리고 다시 시도하게 되기까지는 또 얼마간의 시간이 필요하다. 아니, 어쩌면 실패의 경험에 발목이 잡혀 영영 회복하지 못하는 경우마저 있다. 그런데 그에게는 실패에서 오는 좌절감과 스트레스가 없었던 것일까? 만약 있었다면 어떻게 이겨냈을까?

세 번째는 '평가의 두려움을 어떻게 이겨냈을까' 하는 점이다.

발명은 서울대에 수석 합격하거나 연봉 10억의 전문경영인이 되는 것처럼 어렵기만 한 것이 아니다. 이 둘은 분명 현실 세계에 존재하는 것들이다. 다만 어려울 뿐이다. 그런데 발명은 없을 수도 있다. 역사적으로 새로운 것을 만들어내려던 사람들 중에는 비웃음을 산 사람들이 많다. '그런 것은 이 세상에 없다'는 것이 비웃음의 이유였다. 혹시나 실패했을 때 사람들이 자신을 어떻게 생각할지 두렵지 않았을까? 학교에서, 직장에서 작은 실수만 해도 위축이 되곤 하는 '보통 사람들'의 입장에서는 놀라운 일일 따름이다.

에디슨의 예를 들었지만 실제로 성공한 사람들이 공통적으로 갖고 있는 요소가 바로 위의 세 가지다.

주변의 시선을 두려워하지 않고, 과정의 배움을 즐긴다.

실패해도 포기하지 않는 도전 정신이 투철하다.

그리고, '미쳐야 미친다'고 하는 노력!

역사상 위대한 업적을 이뤄낸 사람들의 일생에서 실패는 늘 성공보다 많았다. 어쩌면 우리의 삶은 약간의 성공과 대부분의 실패로 이뤄졌다고 해도 과언이 아닐 것이다. 마이클 조던은 고등학교 농구팀에서도 퇴출당했지만 열심히 연습해서 농구 역사상 가장 위대한 선수라는 평가를 받고 있다. 일본 진출 초기 2군 강등의 쓴 맛까지 봤던 이승엽 선수는 결국 아시아 최고의 타자가 되었다. 마이클 조던이 퇴출당한 후 농구를 그만뒀다면, 이승엽이 2군 강등 후 국내로

복귀했다면, 에디슨이 중간에 포기했다면 그들의 업적은 결코 없었을 것이다. 그러나 그들은 실패를 이기고 다시 도전했다. 그리고 놀라운 성취를 이뤄냈다.

이 땅의 모든 부모는 내 아이도 그들처럼 되기를 바란다. 부모 스스로도 그런 사람이 되고 싶어 한다. 어떤 실패와 어려움에도 굴하지 않고 끝까지 도전정신을 잃지 않는 사람이 되기를 바란다. 간혹 실패하지 않는 아이로 키우고 싶은 사람도 있을지 모르지만, 의미 있는 도전을 하는 한 실패는 피할 수 없다. 처음 자전거를 배울 때는 수없이 넘어지는 과정이 필요하듯, 모든 새로운 것, 한 단계 더 높은 것을 성취하는 과정에는 필연적으로 실패가 따라 붙는다. 단 한 번도 중요한 실패를 하지 않았다는 것은, 한 번도 의미 있는 시도를 하지 않았다는 뜻이기도 하다.

그렇다면 이제 질문을 던질 차례다. 그들은 어떻게 그 많은 실패와 그에 따른 좌절을 이겨냈을까? 도대체 그들이 갖고 있었던 어떤 힘이 절대 포기를 모르는 그들을 만들었을까?

더불어 왜 어떤 아이들은 실패를 경험한 후 노력하길 포기하고, 왜 어떤 아이들은 실패에 굴하지 않고 오히려 실패를 맛본 후 더욱 열심히 그 일에 매달릴 수 있는 것일까?

자꾸만 쓰러지는 도미노 게임처럼, 우리 아이들의 성장 과정은 실패와 도전으로 가득 차 있다. 그 누구도 결코 피해갈 수 없는 실패와 도전, 그리고 그 후에 찾아오는 값진 성공을 거머쥐기 위해 이제 그 비밀을 하나씩 풀어 보자.

PART 01

부모는 모름지기 내 아이가 열심히 노력해서 원하는 것을 꼭 성취하기를 바란다. 그리고 우리는 '피나는 노력'을 거듭하면 목적을 달성할 수 있다는 것을 잘 알고 있다. 하지만 그 노력을 지속하는 것이 결코 만만치 않다. 노력하는 데에도 뭔가 비결이나 능력이 필요한 것일까. 심리학에서는 순간순간 일어나는 충동을 억제하고 자신을 다스리는 능력을 '자기통제능력'이라고 하는데, 이 능력이 뛰어난 사람이 곧 노력을 잘 한다고 한다. 그렇다면 이 자기통제능력은 언제부터 생기는 것일까? 태어날 때부터 결정되는 것일까, 아니면 양육과 교육에 의해 길러질 수 있는 것일까?

자신을 스스로
통제할 수 있는
**아이로
키워라**

노력, 자기통제력이 문제다

노력이란 말만큼 자주 쓰이는 말도 드물 것이다. 성적을 올리기 위해 노력하고, 좋은 대학을 가기 위해 노력하고, 살을 빼기 위해, 금연을 하기 위해, 취업을 하기 위해 사람들은 노력한다.

무엇이든 자신이 원하는 것을 이루려면 부단한 노력을 거듭해야 한다고들 말한다. 그렇다. 우리는 '피나는 노력'을 하면 목적을 이룰 수 있다는 것을 알고 있다. 그리고 우리는 시도했다가 실패한 많은 일들 중 거의 대부분이 노력이 부족했기 때문이라는 것도 알고 있다. 실패했다는 사실도 괴롭지만 더욱 괴로운 것은 최선을 다하지 못했다는 자괴감이다. '그때 ~ 했더라면' 하고 후회하는 일들 중에 상당수가 '조금 더 노력했더라면'이라는 한탄이다.

이렇게 잘 알면서도 왜 '피나는 노력'을 하지 못하는 것일까? 더불어 왜 우리 아이들은 학습능력을 높이기 위해 좀 더 노력하지 못하는 것일까? 다시 한 번 강조하거니와 노력을 안 하는 것이 아니라 못하는 이유다.

그 이유를 알기 위해 먼저 노력의 정확한 의미에 대해 생각해보자. 노력의 사전적 의미는 '목적을 이루기 위해 몸과 마음을 다하여 애를 씀'으로 되어 있다. 그런데 이 정의로는 뭔가 부족하다. 구체적인 상황에서 노력의 '구성 요소'를 알아보자.

당신의 자녀가 다가오는 기말고사를 위해서 공부를 하고 있다. 다시 말해 시험을 잘 보기 위해 노력을 하고 있다. 이때 부모들이 공부하는 자녀에게 자주 하는 말은 무엇일까?

"좀 끈기 있게 해 봐라."

"집중을 해야지, 그렇게 산만해가지고 무슨 공부를 해."

"책상에 앉은 지 얼마나 됐다고 벌써 나오니?"

위의 말들에서 알 수 있듯, '노력하다'는 말 속에는 일정한 시간을 투입하고, 정신을 집중해야 하며, 그 장소에서 행위를 지속해야 한다는 의미가 담겨 있다. 당장 책상에서 일어나고 싶은 충동을 참고, 눈꺼풀이 무거워지며 잠을 자고 싶은 충동을 참고, 게임이나 잡념으로 분산되는 정신을 집중해야 한다.

다이어트를 하는 사람은 먹고 싶은 충동을 참아야 하고, 금연을 하는 사람은 흡연의 충동을 참아야 하며, 일을 하는 사람은 대충 하고 싶은 충동을 참아야 한다. 또 기분 나쁜 일이 있더라도 화내고 싶은 충동을 참고 감정을 자제해야 공부든 일이든 잘할 수 있다. 이렇게 충동을 잘 억제했을 때 우리는 '노력한다'라는 말을 한다.

순간순간 일어나는 충동을 억제하고 자신을 다스리는 능력을 심리학에서는 '자기통제능력'이라고 하는데, 이 능력이 뛰어난 사람이 노력을 잘하는 사람인 것이다.

그렇다면 자기통제능력은 언제부터 생기는 것일까? 태어날 때부터 결정되는 것일까, 아니면 부모의 양육 태도나 교육에 의해 길러질 수 있는 것일까? 피나는 노력을 할 수 있는 사람과 그렇지 못한 사람은 처음부터 결정되어 있는 것일까?

노력형 아이는 타고나는 것일까?

TEST
스틸 페이스 Still Face

- 생후 6개월 정도의 아기가 엄마와 즐겁게 놀고 있다. 엄마는 평소와 다름없이 딸랑이도 흔들어 주고 노래도 불러준다.
- 그러다 갑자기 엄마는 매우 무표정한 얼굴로 아이를 빤히 쳐다본다.

엄마에게 자신의 생존을 온전히 맡기고 있는 아기 입장에서는 갑자기 변한 엄마의 굳은 얼굴이 두렵기만 하다. 과연 아기는 이 상황에서 벗어나기 위해 어떤 반응을 보일까?

이 실험은 영아들에게 자기통제력이 있는지 없는지 알아보기 위한 것이다. 다시 말해서, 아기가 자신에게 닥친 엄청난 스트레스 상황에 어떻게 대처하는지를 살펴봄으로써, 자기통제능력 가운데서도 자기의 정서를 얼마나 잘 통제하는지를 알아보는 것이다.

실험의 결과는 어땠을까? 위와 같은 상황에서 아기들은 순간적으로 당황하게 마련이다. 하지만 그 이후의 반응은 아기마다 달랐는데, 크게 다음의 두 가지 부류로 요약할 수 있다.

먼저 대부분의 아기들은 어쩔 줄 모르며 당황하다가 울음을 터뜨렸다. 안아달라고 조르거나 손을 뻗으며 칭얼거리기도 했다. 울음이나 칭얼거림은 스스로 이 상황을 통제할 자신감을 잃어버렸다는 뜻이다. 그리고 자신이 어쩔 수 없는 상황을 엄마가 해결주기를 바라는 요구다.

하지만 아이들 가운데는 나름대로 싸늘해진 분위기를 바꿔보려고 놀랍게도 먼저 웃음을 보이는 아이도 있었다. 그래도 엄마의 표정이 풀어지지 않으면 딴 데로 시선을 돌리거나 외면하면서 버티기도 했다. 이것은 나름대로 주의를 환기하고 다른 반응에 집중함으로써 불안을 달래고 극복하기 위해 스스로 노력하는 것이다. 앞서 엄마가 상황을 해결해주기를 요구하는 아이들과는 분명히 다른 점이다.

똑같은 영아들 사이에서도 이렇게 반응에 차이가 나는 것은 왜일까? 아기들의 자기통제력이 저마다 다른 이유는 무엇일까?

실험 대상이 생후 6개월 무렵의 영아들이었다는 점을 감안하면 아무래도 부모의 영향보다는 선천적인 부분이 많이 작용했다고 볼 수 있겠지만, 사실 자기통제력에 선천적인 혹은 후천적인 요인이 얼마나 작용하는지를 정확하게 따지기는 어렵다. 아이들마다 각각 다를 것이며, 그것을 측정하는 방법은 아직 없다. 하지만 분명한 것은, 부모가 후천적인 양육 환경을 조절함으로써 아이의 자기통제능력을 크게 키워 줄 수 있다는 점이다.

그렇다면 과연 아이의 장래에 크나큰 영향을 미치는 이 자기통제력은 어떻게 하면 길러줄 수 있는 것일까? 그 해답을 얻기 위해 먼저 자기통제력이 큰 아이와 작은 아이의 차이점을 알아보는 것부터 시작해 보자.

참고 기다려
더 큰 이익을 얻게 하라

TEST
만족지연능력 실험

- 네다섯 살 아이들을 한 명씩 방으로 불러 탁자에 앉히고, 그 앞에 좋아하는 사탕이나 초콜릿을 놔둔다.
- 사탕이나 초콜릿을 먹고 싶으면 언제라도 탁자 위에 놓인 종을 친 다음 먹으면 된다. 하지만 먹고 싶은 마음을 꾹 참고 10분을 기다리면 두 배의 사탕을 더 받을 수 있다.
- 실험 내용을 들은 아이들은 고민에 빠진다. 눈앞에 놓여 있는 먹음직스러운 사탕을 먹을 것인가 말 것인가.

첫 번째 참가자 영웅이(4세)는 먹고 싶은 사탕과 초콜릿을 눈앞에 두고 5분째 버티는 중이다. 실험자가 돌아올 때까지 기다리면 한 주먹의 사탕을 더 받을 수 있다는 생각에 참고는 있지만, 몸은 배배 꼬이고 내내 먹을 것이 들어 있는 바구니만 만지작거리고 있다.

입 안에는 군침이 돈다. 지금 당장 손을 뻗어 사탕을 먹고 싶다. 먹을까? 종을 치기 위해 손이 천천히 움직인다. 아니야, 조금만 더 참으면 더 많은 사탕을 먹을 수 있어. 애써 마음을 다잡아 보지만 어느새 입맛이 다셔진다.

지금 아이의 마음속에는 10초 동안에도 몇 번씩 결정을 번복하는 과정이 벌어지고 있다. 지금 사탕을 먹고 싶은 욕망을 만족시킬 것인가, 아니면 조금 더 참았다가 더 많은 사탕, 즉 더 많은 만족을 얻을 것인가.

이 실험은 아이들이 충동을 얼마나 자제할 수 있는지, 즉 현재의 욕구를 만족시키려는 충동을 참고 그 충족을 뒤로 미루는 능력을 알아보려는 것이다. 참는 시간이 짧은 아이일수록 충동을 자제하는 힘, 즉 자기통제력이 약하다는 것을 의미한다. 반대로 오래 참을수록 자기통제력이 강하다는 뜻이다.

똑같은 실험이 미국에서도 있었는데, 이 실험에서 끝까지 참은 아이들, 즉 충동을 이기고 자기통제에 성공한 아이들은 일상생활 전반에서 월등한 차이를 보이며 SAT(미국대학수학능력자격시험)에서도 더 우수한 성적을 거두었다는 연구가 있다. 미국 스미스 컬리지의 필 피크 교수는 말한다.

"잘 참은 아이들은 미리 종을 친 아이들에 비해 SAT에서 평균

100점 이상 높은 점수를 얻었습니다. 뿐만 아니라, 오래 기다린 아이들은 사회성도 높고 비교적 매우 원만하고 친밀한 대인관계를 형성하게 됩니다. 또한 매사에 일을 능숙하게 처리하며, 어떤 문제에 직면했을 때 큰 어려움 없이 잘 대처를 하지요."

이는 종단적 연구(오랜 기간 동안 아이들을 반복적으로 관찰하는 연구법)를 통해 밝혀진 결과이기도 하다.

자기통제력이 높은 아이가 성적이 높은 것은 당연한 일이다. 놀고 싶은 충동, 대충 하고 싶은 충동을 참는 아이는 공부에 투자하는 시간도 길고 집중력도 높다. 그런데 사회성까지 좋은 이유는 무엇일까?

사회성이 좋은 이유 역시 어렵지 않다. 자기통제는 충동을 억제하는 것만을 뜻하지는 않는다. 기쁨을 표현하지 않아야 하는 상황에서 그 표현을 자제하는 것, 화가 났을 때 참는 것 역시 자기통제의 한 부분이다. 화가 났을 때 잘 참지 못하는 아이, 시험을 망친 친구는 우울한데 자기는 성적이 잘 나왔다고 혼자 기뻐하는 아이가 사회성이 좋을 리가 없다.

다시 실험으로 돌아가 보자.

"선생님 올 때까지 참으면 더 많은 사탕을 줄게."

"땡땡!"

선생님이 말을 마치고 방을 나가자마자 바로 못참겠다는 듯 종을 치는 아이도 있었다. 아예 실험 내용을 설명하는 도중에 먹어 버리는 아이도 있었다. 그런가 하면, 한 알의 초콜릿을 눈곱만큼씩 떼어 먹으며 10분을 버틴 아이도 있었다. 물론 끝까지 참아서 더 많은 사탕을 받은 아이도 있었다.

각각의 아이들의 차이점은 무엇일까?

기다리지 못하고 사탕을 금방 먹어 버린 아이들의 가장 큰 공통점은 사탕에서 눈을 떼지 못한다는 것이다.

그렇다면 끝까지 기다린 아이들은 어땠을까? 혼자 중얼중얼거리는 아이도 있었고, 두 손으로 눈을 가려 사탕을 쳐다보지 않으려는 아이도 있었다. 그리고 종에 비친 자신의 모습을 보며 장난을 치는 아이도 있었다. 이들은 모두 사탕에서 눈을 돌렸다는 공통점이 있었는데, 다시 말해서 먹고 싶은 사탕에서 눈을 돌려 다른 데에 집중하는 것, 즉 주의전환법을 쓴다는 것이 달랐다.

왜 주의전환법을 쓰는 아이들이 더 오래 참을 수 있었던 걸까?

그 비결을 말하기에 앞서 우선 사탕에서 눈을 떼지 못하는 아이의 마음속으로 들어가 보자.

'사탕을 먹고 싶다. 아, 맛있겠다. 아니야, 먹으면 안 돼! 그래야 더 많은 사탕을 먹을 수 있어. 아, 그래도 먹고 싶다! 정말 맛있겠다. 그래도 더 많이 먹으려면 참아야 해. 아, 그래도……'

이처럼 아이는 끝없이 '먹고 싶은 것을 먹지 못하는 스트레스'

를 반복적으로 느낀다. '먹고 싶다', '먹으면 안 돼'라는 갈등의 과정이 수없이 반복되는 것이다. 사탕을 계속 쳐다본다는 것은 계속해서 스트레스를 쌓고 있다는 뜻이다. 지금 당장 먹고 싶은 사탕을 먹지 못한다는 것은 나중에 아무리 많은 사탕을 준다고 해도 고통스러운 일임에 틀림없다. 하고 싶은 것을 하지 못할 때 사람은 누구나 좌절감이라는 스트레스를 받게 된다.

따라서 아이가 사탕에 주의를 집중하고 그것만 바라본다는 것은, 결국 그다지 오래 참지 못할 것이라는 의미다. 좌절감은 반복될수록 점점 커지며, 또다시 그것을 겪어내야 한다. 좌절감이라는 심리적 고통을 없애기 위한 방법은 무엇일까? 이제 아이에게 더 많은 사탕은 문제가 되지 않는다. 조금이라도 빨리 이 고통에서 벗어나고 싶다. 한 가지 방법은 사탕을 아예 포기해 버리는 것이지만 그럴 수는 없다. 마지막으로 남은 방법은 얼른 먹어치우는 것이다. 그렇게 하면 더 많은 사탕을 받을 수는 없지만, 그리고 나중에 조금만 더 참아볼 걸 하는 후회가 될지언정, 지금 당장은 고통에서 벗어날 수 있다.

사탕을 놓고 이야기가 길어졌지만, 위의 실험 상황은 아이들의 일상생활에서도 자주 일어나는 일이다.

사탕을 먹지 않고 기다리는 아이들에게 주어진 목표는 과연 무엇일까? 더 많은 사탕이라고 생각하기 쉽지만, 그렇지 않다. 아이들에게 주어진 과제는 정해진 시간 동안 참는 것이다.

아이가 수학 숙제를 하고 있다면 이때 진짜 숙제는 바로 정해진 시간 동안 참는 것이다. 숙제를 하는 동안 아이는 게임도 하고 싶고 텔레비전도 보고 싶고 친구들과 놀고 싶기도 할 것이다. 이런 충동들이 바로 아이의 눈앞에 있는 하나의 사탕과 같은 것이다. 그리고 더 많은 사탕은 과제를 해결했을 때 주어지는 보상이다. 숙제를 한 뒤에 마음껏 할 수 있는 게임, 텔레비전, 놀기 등이 더 많은 사탕인 것이다.

결국 참지 못했던 아이들은 보상물에 집중했고, 참았던 아이들은 과제 자체에 집중했다는 차이가 있다. 보상물에 집중하고 있다는 것은 '사탕을 먹고 싶다'는 충동을 지속적으로 유지하는 결과를 초래한다. '사탕을 먹고 싶다'는 충동을 계속해서 느끼면서 그것을 참기란 여간 어려운 일이 아니다. 반면 과제에 집중하면, 짧든 길든 그것에 몰입하는 시간 동안에는 사탕을 떠올리지 않게 된다. 일정 시간 충동을 느끼지 않으므로 더 오래 참을 수 있는 것이다.

많은 부모들이 아이들에게 공부를 시키기 위해 어떤 달콤한 보상을 제시한다.

'숙제 끝내고 나면 게임할 수 있다.'

'이번 시험만 끝나면 마음껏 놀 수 있다.'

'대학 가면 미팅도 하고 노래방도 실컷 가고 나이트클럽도 갈 수 있다.'

이런 말들로 공부에 대한 동기를 높여줄 수 있다고 생각하지만 사실은 그렇지 않다. 아이는 눈앞에 있는 사탕(게임, 놀기, 미팅, 노래방 등)을 먹지 않고 참아야 한다는 것을 알고 있다. 충동이 생길 때마다 아이는 지금 열심히 하면 나중에 이 '한 주먹의 사탕(더 많은 게임, 더 많은 놀이, 더 많은 노래방)'을 먹을 수 있다며 자기통제를 시도할 것이다.

그런데 충동을 일으키는 것과 보상물이 유사하기 때문에, 즉 참아서 얻을 수 있는 것과 지금 충동을 유발하는 것이 비슷하기 때문에 대부분 좌절하게 된다. 사탕을 참으려고 사탕을 생각하는 꼴이다. 어른들의 경우와 비교하자면, 담배를 끊기 위해 담배를 생각하고 다이어트를 하기 위해 음식을 생각하는 것과 같다.

오히려 과제 자체, 즉 기다리는 것 자체, 공부를 한다는 것 자체에 몰입하고 흥미를 느끼도록 해주는 것이 훨씬 더 좋다. 사탕에서 눈을 돌렸던 아이들처럼 보상물 자체에서 주의를 돌리는 것이 더 효과적인 것이다.

다시 제일 처음의 실험으로 돌아가 보자. 그 상황에서 참지 못하고 곧장 사탕을 먹어 버렸던 아이에게 우리는 주의전환법을 가르쳐 주었다. 낮에 유치원에서 있었던 재미있는 일을 생각해보라고 한 것이다. 그러자 10초도 못 기다렸던 아이가 주의전환법을 쓰고 2분을 넘겼다. 다 같이 짧은 시간이긴 하지만 10초와 2분은 엄청난 차이다. 결국 주의전환법을 가르침으로써 자녀의 자기통제력을 높인 것이다.

아이와의 약속을 지키고
애착관계를 형성하라

자기통제력에서 주의전환법을 사용하느냐 하지 않느냐가 결정적인 것은 아니다. 그것은 하나의 방법으로써 유용할 수는 있으나 자기통제력의 결정적인 요소는 아니다. 만족지연능력이나 자기통제능력 못지않게 중요한 것은 바로 부모와 아이와의 관계다. 다시 말해서 부모들이 가장 먼저 신경을 써야 할 것은 부모와의 신뢰를 바탕으로 형성되는 애착관계이다. 이와 관련해서 필 피크 교수는 다음과 같이 말했다.

"현재까지 우리가 알아낸 것은, 부모와의 사이에 따뜻하고 신뢰감 있는 관계를 형성한 아이들은 거의 대부분 뚜렷한 만족지연능력을 보이는, 즉 기다릴 줄 아는 아이들이라는 것입니다. 그래서 우리는 일련의 실험을 통해 보았던 기다릴 줄 아는 아이들의 공통적인 요인이 어쩌면 '부모와의 관계'일 수도 있다는 생각을 하게 되었습니다. 우리가 애착관계, 즉 부모가 아이에게 보여주는 따뜻함과 민감성에 대해서 알고 있는 바로는, 애착관계는 아이 발달의 다양한 부분에서 가장 중요한 요인으로 작용하며, 부모가 상황에 대처하는 방법을 아이가 내면에 형성하는 데 있어서 매우 중요합니다."

그렇다면 과연 실제로 부모와의 신뢰관계가 만족지연능력에 얼마나 큰 영향을 주는지 한 실험을 통해 살펴보자.

TEST 애착관계의 힘

- 쌍둥이인 혜수와 혜인이는 엄마와 함께 선글라스를 사기 위해 안경점에 들렀다.

  엄마 : "엄마가 그림 잘 그리면 선글라스 사주기로 약속했었지?"
  혜수 : "네~! 일기장에까지 썼는 걸요."
  혜인 : "난 연한 색으로 사서 항상 끼고 다닐 거야."

- 혜수와 혜인이의 부모는 평소 아이들과의 약속은 절대로 어기지 않는다는 원칙을 갖고 있다. 오늘은 며칠 전 약속한 대로 아이들에게 선글라스를 사주기 위해 함께 외출한 것이다.
- 혜수와 혜인이를 대상으로 만족지연실험을 해 보았다. 실험 내용은 앞에서와 동일한 것으로 맛있는 먹을거리를 앞에 두고 얼마나 참을 수 있는지를 살펴본 것이다.
- 두 아이 모두 눈앞에 먹을 것을 두고 10분 넘게 유혹을 참아 냈다.

자기통제력 실험에서 아이들은 '참고 기다리면 더 많은 사탕을 받을 수 있다'는 사실을 확실히 믿어야 한다. 만약 그 약속이 이행될 가능성이 낮으면 낮을수록 참기는 더 어렵다.

만약 아이에게 '참고 기다리면 더 많은 사탕을 줄 수도 있지만, 그렇지 않을 수도 있다'라고 말했다면 자기통제력을 발휘하기란 더욱 어려웠을 것이다. 장난감을 사달라고 떼쓰는 아이를 달래기 위해 '일주일 동안 말을 잘 들으면 장난감을 사줄 수도 있다. 하지만 사주지 않을 수도 있다'라고 말하는 것은 전혀 효과가 없을 것이다.

사실 여기에는 평소 부모들이 자녀와의 약속을 얼마나 잘 지켜 왔는지가 중요하게 작용한다. 만약 아이들의 마음속에 약속이란 지커질 수도 있고 그렇지 않을 수도 있다는 생각이 내면화되어 있다면 참고 기다리는 것은 오히려 어리석은 일이다. 차라리 먹고 싶을 때 확실하게 보장되어 있는 하나의 사탕이라도 먹는 편이 현명한 행동이다. 자칫하면 힘들게 참고 기다린 노력이 수포로 돌아갈 수도 있기 때문이다.

부모 세대 대부분이 '아끼면 똥 된다'라는 말을 알고 있고 실제로 경험도 해봤을 것이다. 맛있는 것을 먹지 않고 아껴두었는데 형제 중 누군가가 몰래 먹어 버렸을 수도 있다. 그런 일이 반복된다면 우선 배가 부르더라도 맛있는 것은 미리 먹어두어야 한다.

명절 때 친척 어른들에게 받은 용돈은 언제나 부모님에게 '맡겨야' 했다. 시간이 지나고 맡겨둔 돈을 찾으려고 하면 으레 '먹여주고 재워준 값'을 먼저 내놓으라고 말하는 부모님들이 많았다. 이런 경험이 쌓이면 돈이란 있을 때 써 버려야 하는 것이 되기 십상이다.

일요일에 놀러 가기로 했으면 가야 하고, 뭔가를 사주기로 했으면 사줘야 한다. 자녀와 약속을 하고서 그것을 지키지 않는 일이 반복될 경우 아이들은 충동을 자제할 이유를 찾지 못하게 된다. 한밤중이라도 울고 떼를 써서 공원에 놀러 가는 것이, 장난감 가게 앞에서 뒹굴고 소리쳐서라도 그 순간에 얻어내는 것이 아이에게는 현명한 행동이다.

내가 이렇게 욕구를 만족시키려는 충동을 자제한다고 해도, 만

자신을 스스로 통제할 수 있는 아이로 키워라 39

족을 지연시켜서 이후에 더 큰 결과를 얻기 위해서 기다린다고 하더라도 그 약속이 지켜지지 않을 것이기 때문이다. 즉, 신뢰라든지 기대가 제대로 형성되지 않기 때문에 결국은 충동을 통제하지 못하게 된다.

이런 이유 때문에 부모와의 신뢰관계가 주는 기대 형성이 아동의 감정에, 스스로를 통제하는 능력에 영향을 미치는 것이다.

어려서 형성되는 이런 능력들이 인생의 방향을 바꿀 수도 있다. <u>참고 기다리면 더 큰 이익을 얻을 수 있다는 믿음은, 아이의 행동을 신중하고 여유 있게 만들어 준다.</u> 그리고 그런 행동은 중요한 목표를 성취하는 데 있어서 스스로에게 더 좋은 기회를 준다.

한편, 자기통제력은 노력하는 힘의 원천이기도 하지만 실패를 극복하는 데도 중요한 역할을 한다. 실패는 기본적으로 좌절감을 동반한다. 실패를 하면 누구나 기분이 좋지 않다. 그런데 이렇게 기분 나쁜 일, 마음을 상하게 하는 일이 생겼을 때 어떤 사람은 얼른 떨쳐버리는가 하면 어떤 사람은 그 기분에 휘둘려 하루를 망쳐버리는 사람도 있다. 이때 자신의 정서를 통제할 수 있는 능력이 뛰어날수록 좌절감처럼 부정적인 정서에서 빠르고 쉽게 벗어난다.

좌절감은 도전을 두렵게 만든다. 특히 한번 도전했다가 실패한 일에 대한 두려움은 더욱 크다. 그리고 또 하나 도전을 피하게 만드는 것은 다른 사람들의 평가다. '실패한 사람'이라는 평판은 어른이나 아이나 모두 피하고 싶은 것이다.

그렇다면 자기통제력만 크다면 어떤 좌절감이나 평가의 두려움도 모두 극복할 수 있을까? 그 어떤 실패에도 굴하지 않고 다시 일어서는 힘을 가질 수 있을까? 물론 자기통제력이 무한대로 높으면 그럴 수도 있다. 그러나 그런 사람을 상상하기는 어렵다. 그것은 마치 점프력이 무한대로 뛰어나면 산 하나쯤은 한 번에 뛰어 넘을 수 있다는 가정처럼 현실성이 없어 보인다.

이제 에디슨의 두 번째 미스터리에 질문을 던질 차례다. 에디슨은 자기통제력이 뛰어났기 때문에 피나는 노력을 할 수 있었다. 그러나 피나는 노력을 한다고 해서 항상 성공할 수 있는 것은 아니다. 그 역시 수십만 혹은 수백만 번의 실패를 겪었다. 많은 사람들이 단 한 번의 실패에도 좌절하고 의기소침해지기 일쑤인데, 도대체 그는 그 수많은 실패에 대한 좌절감을 어떻게 극복했을까? 그에게 어떤 비밀이 있는 것일까?

PART 02

역사적으로 큰일을 해낸 사람들의 이야기를 들어보면 하나의 공통점을 발견할 수 있다. 남들이 위기라 부를 만한 상황을 반전의 기회로 삼아 더 큰 성취를 이뤄냈다는 것이다. 똑같은 절망의 상황에서 왜 어떤 사람은 좌절하고 어떤 사람은 더욱 열심히 노력해 마침내 성공을 이뤄내는 것일까. 살면서 만나는 수많은 실패와 좌절 앞에서 움츠러들지 않고 다시 일어나 도전하게 만드는 힘, 동기! 그것은 과연 어떻게 만들어지는 것일까?

실패하면
좌절하는 아이,
더욱더
**힘을 내는
아이**

실패의 원인을
어디에서 찾는가

아이들은 실패 속에서 자라난다. 자꾸만 쓰러지는 도미노 게임처럼, 성장 과정은 실패와 도전으로 가득 차 있다. 어떤 아이들은 실패를 경험한 후 노력하길 포기하고 주저앉는다. 하지만 어떤 아이들은 실패에 굴하지 않고 계속 노력한다. 오히려 실패를 맛 본 후 더욱 열심히 그 일에 매달리는 아이도 있다.

도대체 어떤 요인 때문일까? 어떻게 하면 에디슨처럼 실패 상황에서도 굴하지 않고 계속 도전하고 노력하는 아이로 키울 수 있을까?

그 비밀의 힌트를 백열전구를 발명한 뒤 가진 에디슨의 인터뷰에서 찾아볼 수 있다.

"전구를 만들기 위해 수만 번의 실패를 하셨다고 들었는데 포기하고 싶은 생각이 들지 않던가요?"라는 기자의 질문에 에디슨은 이렇게 대답했다고 한다.

"실패라니요. 저는 한 번도 실패한 적이 없습니다. 단지 전구를 만들 수 없는 수만 가지 방법을 발견했을 뿐입니다."

한 번도 실패한 적이 없다는 그의 말은 단지 '실패는 성공의 어머니'라는 말의 다른 표현이거나 성공한 자의 여유 있는 난센스쯤으로 여겨졌다. 그러나 여기에는 결코 놓쳐서는 안 될 중요한 의미가 숨겨져 있다. 바로 실패를 받아들이는 태도다.

실패는 일반적으로 어떤 목적을 달성하기 위해 움직였는데도 원하던 결과가 나오지 않는다는 것을 의미한다. 많은 사람들에게 실패는 기분이 좋지 않고 두려운 경험이다. 지나치게 강한 스트레스를 받거나 두려울 경우 시도 자체를 포기할 가능성도 없지 않다. 사람은 누구나 고통스러운 경험을 피하려 하기 때문이다.

사소하든 중요하든 모든 일은 시도하지 않으면 이룰 수 없다. 그런데 실패에 대한 두려움이 크다면 시도 자체를 포기하거나, 도전하더라도 늘 실패에 대한 두려움 때문에 제 능력을 발휘하기 힘들다.

그런데 에디슨에게 실패는 단지 시행착오의 의미였던 것이다. 원하던 결과가 나오지 않은 것은 그저 그 과정에서 방법이 잘못됐을 뿐이지 실패는 아니라는 것이다. 그렇기 때문에 한 번도 실패하지 않았다고 말할 수 있는 것이다.

똑같은 실패라도 어떤 사람에게는 좌절이 되고 또 어떤 사람에게는 시행착오가 되는 이유는 무엇일까? 그것은 실패의 원인을 어디에 두는가에 달려 있다.

인간은 본래 어떤 일이 일어나면 그 이유를 알려고 한다. 예를 들어 한 학생이 시험을 봤다고 하자. 그런데 기대만큼 성적이 나오지 않았다. 이 때 이 학생이 생각할 수 있는 원인은 무엇일까?

원인은 크게 외부적인 요인과 내부적인 요인으로 나눌 수 있다(버나드 와이너의 귀인이론 참조). 우선 외부적인 요인은 말 그대로 실패의 원인을 외부에서 찾는 것으로, 가령 이런 것들이다.

"하필이면 시험 보는 날 바깥이 시끄러워서 집중을 할 수가 없었어요."

"제가 공부하지 않은 것에서만 문제가 나오다니, 정말 운이 나빴어요!"

"평소 선생님께서 설명을 잘하지 못하셨어요."

반면, 내부적인 요인은 실패의 원인을 자신의 탓으로 돌리는 것인데, 이는 다시 두 종류로 나뉜다. 하나는 내 능력이 부족했기 때문이라고 생각하는 것이다. 내가 똑똑하지 못하기 때문에, 내가 머리가 나쁘기 때문에, 혹은 그 과목에 소질이 없기 때문에 시험을 못 본 것이다. 다 내가 부족해서 그런 것이니 무슨 뾰족한 대안이 나올 리가 없다.

또 하나는 노력 부족이나 잘못된 공부 방법에 원인이 있다고 생각하는 경우다. 이때는 내가 조금 더 노력을 해야 했다고, 공부 방법을 바꿔야 했다고 생각한다.

이렇게 어떤 일의 원인을 찾는 것을 '귀인'이라고 하는데, 이것이 중요한 이유는 어디에 귀인을 하는가에 따라 실패 이후의 반응이 크게 달라지기 때문이다.

어떤 결과의 원인을 능력 때문이라고 생각할 경우, 즉 능력에 귀인할 경우에는 이후에 더 이상 노력할 필요를 느끼지 않게 된다.

좀더 구체적으로 설명해 보자. 능력에 귀인하는 아이는 영어에 관한 타고난 '소질' 혹은 수학에 관한 타고난 '재능'이야말로 그 과목을 잘하기 위해서 반드시 필요한 것이라고 생각한다. 따라서 그런 소질과 능력이 있어야만 노력도 효과를 발휘한다는 결론에 도달한다. 어차피 노력과는 상관없이 정해진 것이므로 아무리 노력해도 자신의 수학 성적, 영어 성적은 더 이상 좋아질 수 없다고 생각하는 것이다. 조금은 좋아질 수 있겠지만 그래봐야 낮은 성적이 나올 것이 뻔하다고 생각한다.

외부적인 요인에 귀인할 경우는 두말할 것도 없다. 외부적인 요인이라는 말 자체가 바깥에서 원인을 찾는 것이니, 애초에 자신의 통제 밖에 있는 것이라는 생각을 하므로 무기력한 반응을 유도할 뿐이다.

그런데 '노력'에 귀인할 때, 즉 어떤 결과의 원인을 자신의 노력 때문이라고 생각할 경우에는 전혀 다른 반응이 나타난다. 자신의 노력이 부족해서 또는 방법이 잘못돼서 실패했다고 생각하기 때문에 다음번에 더 노력하고 다른 새로운 방법을 찾아보면 성공할 수 있다고 믿는다. 실패의 원인이 자신이 통제할 수 있는 요인이기 때문에 좌절감은 있더라도 다시 시도할 수 있는 힘이 생기는 것이다.

성공했을 때도 마찬가지다. 성공의 원인을 능력에 둔다면 더 이상 노력할 필요가 없게 된다. 어차피 자신은 능력이 있기 때문에 노력하지 않아도 된다고 생각하지 않겠는가. 그러나 노력에 귀인한다면 다음에도 노력을 해야 성공할 수 있으며 노력하지 않으면 실패할 것이라고 생각한다.

노력 귀인을 하는 사람은 내가 하기에 따라 성공과 실패가 판가름 난다는 신념을 가질 수 있다. 반면 능력 귀인이나 외부적 요인에 귀인하는 사람은 성공과 실패는 자신이 통제할 수 없다는 신념을 갖게 된다. 때문에 한두 번 시도하다가 안 되면 '아, 나는 이 분야에는 능력이 없구나'라고 생각하게 되는 것이다. 또, 외부적인 요인이 문제라면 스스로 나는 운이 억세게 나쁜 사람이라고 생각할 것이다.

우리가 흔히 겪는 상황을 예로 들어 노력 귀인과 능력 귀인이 어떤 차이를 만들어내는지 알아보자. 중학생 아이들이 시험을 망친

후 각자의 부모님께 이렇게 말했다.

"엄마, 수학 성적이 너무 낮게 나왔어요. 아무래도 저는 수학에는 재능이 없나 봐요. 수학은 포기해야겠어요."

"나는 잘할 수 있었는데 선생님이 왔다 갔다 하는 바람에 신경이 쓰여서 문제에 집중을 할 수가 없었어요. 다 선생님 탓이에요."

"이번엔 운이 좋았어요. 제가 공부한 데서만 나온 거 있죠! 하지만 다음번엔 장담할 수 없어요."

이것이 능력이나 외부 요인에 귀인하는 아이의 모습이다. 내 아이가 이렇게 말하기를 바라는 부모는 아마 없을 것이다.

그런가 하면 다음과 같이 말하는 아이도 있다.

"엄마, 이번에 수학 성적이 낮게 나왔어요. 좀 더 노력해야겠어요."

"선생님이 내 뒤에 서서 내가 문제 푸는 걸 보시는 바람에 집중이 안 됐어요. 집중력을 높이는 방법을 찾아봐야겠어요."

"이번엔 마음 독하게 먹고 열심히 했더니 정말 성적이 높게 나왔어요. 다음 시험 때도 더 노력해야겠어요."

이처럼 노력이나 방법에 원인이 있다고 생각하는 아이는 그것을 해결할 방법을 찾는다. 여기까지 읽은 부모라면 누구나 내 아이가 노력에 귀인하는 아이가 되기를 바랄 것이다.

그렇다면 왜 어떤 사람은 실패의 원인을 능력에 두고 또 어떤 사람은 노력에 두는 것일까?

능력의 부족?
노력의 부족!

먼저 부모들 스스로 다음 질문에 대답해 보자.

사람의 성격은 변할까 변하지 않을까? 사람의 지능(아이큐)은 어떨까? 또, 어려서 착했던 아이가 나이가 들면서 나쁘게 변할 수도 있을까? 반대로 어렸을 때 나쁜 짓을 많이 한 아이가 나이가 들어 착하게 변할 수도 있을까?

이 질문에 대한 답은 '변한다'와 '변하지 않는다' 둘 중 하나이다. 원칙적으로는 '변한다'라는 대답이 바람직해 보이는 셈이니, 만약 도덕 시험이라도 보는 상황이라면 누구나 '변한다'는 답을 써넣을지도 모르겠다. 그러나 실제로도 정말 그렇게 생각하는 사람은 많지 않다. 많은 사람들이 '변하지 않는다'고 생각하거나 '변하긴 하지만 쉽게 바뀌진 않는다'라고 할 것이다.

이 질문은 지적 능력이나 성격과 같은 특질에 대한 신념을 묻는 것이다. 이 질문에 대한 답에 따라 실패의 원인을 어디에 돌리는지를 알 수 있고, 바로 여기서 노력 귀인과 능력 귀인이 갈라지게 되는 것이다.

변한다 (가변론자 incremental theorist)	변하지 않는다 (불변론자 entity theorist)
지능이란 자신의 노력에 따라 변화할 수 있고 유동적이며, 시간과 공간에 따라 다르게 나타날 수 있는 것이라고 믿는다.	지능이나 능력은 결코 변하지 않으며, 행동의 몇몇 결과들을 기초로 하여 쉽게 자신의 지능을 판단하고 평가하려 한다.
노력 귀인 '능력이란 변화 발전할 수 있어! 내가 수학 성적이 나쁜 것은 공부를 적게 했기 때문이야.'	능력 귀인 '능력은 변하지 않아! 내가 수학 성적이 나쁘다는 것은 수학에 재능이 없다는 뜻이야.'

불변론자에게는 문제를 개선할 대안이 없다. 재능은 변하지 않는 것이므로, 즉 수학에 대한 능력은 변하지 않는 것이므로 더 많은 노력을 하거나 공부의 방법을 바꿀 필요를 느끼지 않는다.

그러나 가변론자는 늘 대안을 생각한다. '좀 더 노력해야 해' 혹은 '수학을 잘할 수 있는 방법은 뭘까'라는 고민을 하게 된다. '수학에 관한 능력을 발전시키는 방법은 무엇일까' 하고 생각하는 것이다.

다시 부모들을 위한 질문이 있다.

담배를 피우는 아빠들은 금연에 실패했을 때 그 원인이 뭐라고 생각하는가? '나는 의지가 너무 약해' 혹은 '직장 생활에서 쌓이는 스트레스 때문에 담배를 끊을 수가 없다'고 말한다면 불변론자라고 할 수 있다.

다이어트를 위해 매일 운동을 하기로 결심했다가 실패한 엄마들은 뭐라고 이야기하는가? 의지가 약해서, 남편과 아이들 뒷바라지 하느라고 바빠서, 운동을 했는데도 전혀 살이 빠지지 않아서라고 대답한다면 이 역시 불변론자다.

부모들은 이미 가변론자가 되는 것이 불변론과는 비교할 수 없을 정도로 바람직하다는 것을 알고 있을 것이다. 만약 부모가 불변론자일 경우, 그래서 실패의 원인을 의지나 외부 상황에 돌린다면 자녀 역시 부모와 똑같은 신념을 가질 가능성이 높다.

3부에서 자세히 다루겠지만, 부모가 아이에게 불변론을 심어주는 상황을 예로 들어보자.

이제 막 글자를 배우기 시작한 아이가 차를 타고 가다가 간판을 가리키며 엄마를 부른다.

"엄마! 저거 '공주' 할 때 '공' 맞지?"

"아이고, 우리 영희 정말 똑똑하네. 어제 본 걸 정확하게 기억하고 있구나."

많은 엄마들이 이와 같이 말할 것이다. 아이가 기특하기도 하고 또 칭찬을 해주면 더 열심히 글자 공부를 할 거라고 생각하기 때문이다. 그러나 이 말은 '어제 본 걸 정확하게 기억하기 위해서는 똑똑해야 한다'는 말과 다르지 않다. 이런 칭찬들이 반복되다 보면 아이는 '만약 어제 본 걸 정확하게 기억하지 못하면 나는 똑똑하지 못하다는 뜻이야'라고 생각한다. 수학을 배우는 중이라면 '어제 선생님이 설명해 준 것도 기억하지 못하다니, 나는 수학에 재능이 없나 봐'라고 능력에 귀인하게 된다. 실제로 원인은 복습을 하지 않았기 때문인데도 말이다.

이럴 경우 이렇게 칭찬하는 것이 좋다.

"어제 단어장을 열심히 보더니 잊어먹지 않고 있구나."

이 말은 '열심히' 노력했기 때문에 잊어버리지 않았다는 뜻을 담고 있다. 사소해 보이는 부모들의 말이나 행동이 아이에게 가변론을 심어줄 수도 있고 불변론을 심어줄 수도 있다.

이 같은 지능에 대한 신념은 실패 상황뿐만 아니라 인생 전반에 걸쳐 매우 중요한 영향을 미친다. 그리고 에디슨의 세 번째 미스터리, 다른 사람의 평가에 대한 두려움을 어떻게 이겨냈는가 하는 의문에 대한 해답도 바로 여기에 있다.

학습목표와 평가목표

TEST 귀인 사례

- 같은 반인 민주와 하늘이는 어느 날 의기투합해 공부를 열심히 하기로 했다. 둘 다 자기통제력을 발휘해 가며 자고 싶고 놀고 싶은 유혹을 이겨내고 밤늦게까지 공부에 매진했다. 잘 모르는 것은 서로 물어 보았고, 어려운 문제는 힘을 합쳐 함께 풀었다. 그러는 와중에 기말고사가 다가왔고, 민주와 하늘이는 더욱더 열심히 공부했다.
- 시험 결과는 과연 어땠을까? 어이없게도 성적은 둘 다 모두 평소보다 더 떨어지고 말았다. 그런데 똑같이 공부하고 똑같이

시험을 망쳤는데도 실패 이후 두 아이의 반응은 극과 극을 달렸다.
- 성적표를 받은 후 민주는 공부에 흥미를 잃고 말았다. 그런데 하늘이는 그 후에 오히려 더욱 열심히 공부했다.

당연한 얘기지만, 이후 민주와 하늘이의 성적은 점점 더 벌어지기 시작했다. 왜 이런 상황이 벌어진 걸까? 이 두 아이들 사이에는 과연 어떤 차이가 있었던 것일까?

사실 어른들 사이에서도 위와 같은 일들이 왕왕 벌어지곤 한다. 대충 했는데도 좋은 결과가 나올 때도 있고, 열심히 했는데도 불구하고 당혹스럽기까지 한 결과가 나오는 때도 있다. 왜 그런 걸까?

다시 민주와 하늘이의 이야기로 돌아가서 설명하자면, 그것은 두 아이의 공부를 하는 동기가 달랐기 때문이다. 언뜻 생각해 보면 공부는 높은 성적을 받기 위해서 하는 거라고 생각할 수 있지만, 반드시 그런 것만은 아니다. 동일한 행동을 하더라도 그 행동의 동기는 사람마다 다르다.

성적이 떨어진 실패를 경험한 이후 열심히 공부하기를 포기해 버린 민주의 '동기'는 '똑똑하다고 평가받고 싶다'는 것이었다. 그 이유 때문에 공부를 했던 것이다. 좋은 성적을 받는다는 것은 능력이 뛰어나다는 증거라고 생각하기 때문이다. 그런데 기대와는 달리 저조한 성적이 나오고 말았다. 좋은 성적이 능력이 뛰어나다는 증거인 것처럼, 나쁜 성적은 무능력하다는 혹은 똑똑하지 않다는 증거가 되는 것이다.

'이 성적은 내가 능력이 없다는 것을 의미하는 거야. 내가 멍청하고 공부에 소질이 없다는 뜻이야.'

민주는 이렇게 생각했기 때문에 더 이상 공부할 필요를 느끼지 못했던 것이다. 성적을 통해 똑똑하다는 평가나 칭찬을 받을 수 없다고 생각하기 때문에 공부를 포기하고 말았다. 이제 민주는 공부 이외에 다른 분야에서 인정받고 칭찬받으려고 할 것이다. 그것은 운동일 수도 있고 극단적인 경우 '주먹'일 수도 있다. 굳이 성적에서 인정을 받고 싶다면 커닝을 시도할 가능성도 높다.

민주처럼 어떤 과제를 해결해야 하는 상황에서 똑똑하다는 평가를 받으려고 하는 것을 '평가목표 performance goal, judgment goal 성향'이라고 한다. '똑똑하다, 능력 있다, 재능 있다'라는 인정을 받고 싶은 동기를 갖고 있는 것이다.

반면 하늘이의 '동기'는 '자신의 실력을 높이는 것'이었다. 높은 성적이 아니라 좀 더 나은 수학, 영어, 국어 실력을 위해 공부를 했던 것이다. 하늘이는 나쁜 시험 점수를 더 열심히 공부해야 한다거나 공부 방법에 변화를 줘야 한다는 뜻으로 받아들였다. 하늘이 역시 시험 점수를 잘 받고 싶었을 것이다. 그러나 민주만큼 강하지 않기 때문에 실패가 주는 좌절감을 비교적 쉽게 이겨낼 수 있었다. 다시 말해 민주만큼 다른 사람의 평가를 중요하게 생각하지 않았던 것이다. 하늘이처럼 주위의 평가보다는 자신의 실력 향상에 초점을 두는 것을 '학습목표learning goal, developing' 성향이라고 한다.

다시 정리하면, 평가목표 성향의 민주는 '평가동기'를, 학습목표 성향의 하늘이는 '학습동기'를 갖고 있었다고 말할 수 있다. 이와 관련하여 목표이론에 관한 세계 최고의 전문가로 손꼽히는 스탠포드 대학교의 캐롤 드웩 교수는 다음과 같이 말한다.

- "우리는 누구나 학교나 직장 등 어떤 성취와 관련된 상황에서 서로 다른 두 가지 형태의 목표, 즉 평가목표와 학습목표를 가집니다. 평가목표는 자신의 능력을 증명해보이고 자신이 얼마나 똑똑한지를 나타내고자 하는 것입니다. 반면 학습목표는 새로운 것을 배우고 싶어 하고 도전을 통해서 완전히 익히고자 하는 것이지요."

동일한 과제 상황이지만 한 사람은 좋은 평가를 받고자 하는 동기를, 그리고 또 한 사람은 새로운 것을 배우고자 하는 동기를 갖고 있었던 것이다. 똑같이 공부를 하더라도 어떤 아이는 좋은 성적을 받아 칭찬을 받는 것이 목표이고, 또 어떤 아이는 하나하나 새로운 것을 알아간다는 점을 목표로 삼을 수도 있다.

	평가목표	학습목표
실패의 해석	문제 해결 능력의 부재	문제 해결 방식의 오류
도전(어려운 과제)	망신당할 기회	배움의 기회
정신적 에너지	평가 염려로 손실	거의 손실 없음
귀인 방식	능력	노력

이 두 가지 목표 또는 동기 중에서 학습동기를 아이들에게 심어주는 것이 이 책의 궁극적인 목표이다. 여기서 이야기하는 학습은 단순히 학교 공부만을 뜻하는 것은 아니다. 기나긴 인생을 살아가면서 일이든 인간관계든 늘 배우려고 하는 자세가 바로 학습목표를 가진 사람들의 특징이다.

동기는 목표를 이루기 위해 스스로 행동을 유발하는 힘이다. 만약 독자들의 자녀가 학습동기를 가진다면, 더 이상 '공부 좀 하라'는 잔소리를 하지 않아도 된다. 학습동기를 가진 아이들은 피치 못할 사정이 되지 않아도 아이 스스로 도전을 즐길 것이다. 또 만약 실패를 하더라도 포기하지 않고 다시 일어서는 아이로 자랄 것이다. 단적으로 말해 평가목표와 학습목표는 총명하게 보이느냐 아니면 점점 더 총명해질 것이냐 하는 문제다.

이 원칙은 개인뿐만 아니라 기업에도 적용되는데, 빌 게이츠의 경영 방침이 이와 일치한다. 마이크로소프트 사는 초기부터 성공만 한 것 같지만 의외로 많은 실패를 겪었다. 80년대에 개발한 'Multiplan'이라는 제품은 얼마나 심하게 실패했는지 국내에는 잘 알려지지도 않았다. 80년대 후반기에는 'Omaga'라는 이름의 데이터베이스를 개발하려 했으나 90년에 이를 포기했다. 수억 달러를 들여 개발하려고 했던 운영체제는 빛도 보지 못하고 중단되고 말았다. 이외에도 실패는 많았다.

그런데 빌 게이츠는 이렇게 말했다.

"나는 오히려 새로운 도전에 흥분했고, 어떤 식으로 오늘의 나쁜 소식을 활용해 내일의 문제를 해결할 수 있을까를 궁리하였다."

결국 실패한 제품들은 '엑셀', 'Windows NT' 등으로 결실을 보았다.

그는 또 "나쁜 소식은 빨리 퍼져야 한다."고 말한다. 기업에서 나쁜 소식이라고 하면 판매 부진이나 진행하는 프로젝트의 실패 위험 등을 말할 것이다. 이는 곧 회사에 문제가 있다는 뜻인데, 빌 게이츠는 나쁜 소식 자체가 문제를 해결할 수 있는 정보라고 생각했다.

요컨대 받아들이면 정보지만, 그렇지 않으면 그것은 재앙이다.

기업이든 개인이든 자신의 단점을 인정하지 못하면 더 이상의 발전은 없다. 단점을 인정할 수 있는 용기는 그것을 개선할 수 있다는 믿음, 즉 점점 더 똑똑해질 수 있다는 믿음에서 나온다.

에디슨처럼, 이승엽처럼, 마이클 조던처럼, 안철수처럼, 빌 게이츠처럼 새로운 것에 도전하고 그 과정에서 실패를 하더라도 다시 일어서서 끝내 이루고야 마는 불굴의 정신을 가진 아이, 그것이 바로 학습목표의 힘이다.

그렇다면 어떤 요인이 아이들에게 학습목표와 평가목표 둘 중 하나를 선택하게 만드는 것일까?

지금은 일본에서 활발히 활동하고 있는 야구선수 이승엽을 옛날에는 '국내용 타자'라고 평가하는 사람이 많았다. 홈런이 많은 것도 그의 홈구장인 대구의 야구장이 작기 때문이라고 했다. 그는 일본 진출 초기에 2군 갈등까지 당하는 수모를 겪었다. '국내용'이라는 평가가 맞아 들어가는 듯했다. 이때 만약 그가 '지능이나 능력에 대한 불변론'을 가진 사람이었다면, 다시 국내로 돌아와 이렇게 말했을지도 모르겠다.

"일본 야구는 제 능력으로는 불가능한 세계였습니다."

불변론자는 하나 하나의 과제에 직면할 때마다 '나는 무엇에 대해 능력이 있거나 없다'라는 판결을 받아야 하는 상황에 직면할 수밖에 없게 된다. 이 말은 곧 '너는 수학에 능력이 없어', '너는 체육에 능력이 없어'라는 식의 타인의 평가도 포함된다는 뜻이다. 게다가 불변론를 가지면 한 번 받은 평가를 주홍글씨처럼 평생을 짊어지고 가야 한다. 왜냐하면 그에게 능력이란 변하지 않는 것이기 때문이다.

가변론을 신념으로 가진 사람은 비교적 이런 평가에서 자유롭다. 지금 못하더라도, 또는 한두 번 실패했더라도 더 노력하면, 새로운 방법으로 시도하면 이룰 수 있다고 믿기 때문이다. 실패를 했더라도 그 평가는 그 순간의 것일 뿐 영원한 것은 아니다. 언제든지 바꿀 수 있으므로 큰 부담이 되지 않는다. 그래서 가변론을 가진, 다시 말해서 학습목표를 가진 아이들은 평가보다는 새로운 것을 배우는 데 집중하게 된다. 중요한 것은 당장의 성공이나 실패가 아니라 내가 얼마나 더 똑똑해졌고 어떤 새로운 기술을 배웠느냐 하는 것이기 때문이다. 한마디로, 능력에 대한 신념이 동기를 결정하는 것이다.

이승엽도 자신의 야구 실력에 대해 가변론을 가지고 있었다. 연습을 하면 일본 야구를 넘어 메이저리그까지 압도할 수 있는 실력으로 성장할 수 있다는 믿음을 가지고 있었다. 그리고 끝내 자신의 실력을 거기까지 올려 놓았다. 그는 일본에서 '승짱'이라는 별명을 얻은 뒤 가진 한 인터뷰에서 이렇게 말했다.

"더 강해져야 합니다."

극단적으로 나눠 설명을 했지만 사실 우리는 누구나 학습목표와 평가목표를 동시에 가지고 있다. 그리고 일정 부분 평가목표를 가지는 것은 정상적인 일이다. 좋은 점수를 받고 싶어 하고 사람들이 자신을 똑똑한 사람으로 생각해주기를 바라는 것은 당연한 일이다.

문제는 어떤 성향이냐 하는 것이다. 지나치게 평가목표를 지향하는 아이들은 성공이나 실패 여부에 따라 자신의 지적능력이나 가치가 판단되는 것이라고 생각하고 자연히 학습의 즐거움을 잃게 된다. 그러면 더 이상 발전하지 않고 정체되고 말 것이다.

물론 어떤 경우에는 평가목표를 가진 아이들이 더 추진력이 있는 것처럼 보일 수도 있다. 그야말로 모든 것을 평가목표로 따지기 때문에, 즉 공부건 운동이건 뭐든지 잘해야 한다는 생각으로 임하기 때문이다. 그러나, 공부도 운동도 그 무엇도, 이 세상은 도전해야 할 것들로 가득하다. 때로는 실수도 후퇴도 있을 수 있다. 바로 그때 학습목표를 가진 아이들이야말로 결국에는 더 잘해나간다는 것을 잊지 말아야 한다.

이제 '배우는 것에 의미를 두고 과정 자체를 즐기는 아이'와 '좋은 평가를 받을 수 있는 결과에만 연연하는 아이'들이 평소 행동이나 학업성과에서 어떤 차이를 드러내는지 실험을 통해 구체적으로 살펴보자.

학업 성과를 높이는
학습목표의 위대한 힘

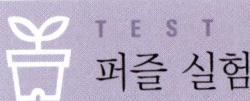
퍼즐 실험

유치원에서 여섯 살짜리 아이들을 모아 놓고 정해진 시간 내에 퍼즐을 맞추게 했다.

- 처음에 준 퍼즐은 아이들이 누구나 맞출 수 있는 간단한 것이었다. 당연히 아이들은 모두 퍼즐을 쉽게 맞췄다.
- 그 다음에는 서로 다른 두 개의 퍼즐 조각들을 섞은 후 아이들에게 주었다. 애초에 짝이 맞지 않은 두 개의 퍼즐을 섞어 주

> 었으니 이것은 절대로 맞출 수 없는 퍼즐인 셈이다. 아이들에게 의도적으로 실패 상황을 만들어 준 것이다.
> - "땡~!" 정해진 시간이 모두 지났고, 아이들은 모두 퍼즐을 맞추지 못한 채 물러섰다.
> - 선생님이 아이들에게 물었다.
> "시간을 충분히 주고 한 번 더 기회를 줄게요. 이 두 개 가운데 여러분은 어떤 퍼즐을 맞추고 싶어요?"

아이들의 반응은 역시 둘로 나뉘었다.

상범이란 아이는 이미 맞춘 퍼즐을 다시 맞추겠다고 했다. 선생님이 그 이유를 물어 보았다.

"왜 이걸 하고 싶어?"

"다 맞추니까……."

"다 맞추니까 재미있어? (짝이 맞지 않은 퍼즐을 가리키며) 이거는 왜 싫어?"

"너무 어려우니까요."

맞추지 못한 퍼즐은 어려워서 더 하고 싶지 않다는 대답이었다. 어려운 문제 앞에서 쉽게 포기하는 것이 평가목표를 가진 아이들의 가장 큰 특징이다.

반면에 병훈이란 아이는 아까 맞추지 못했던 퍼즐을 다시 하겠다고 대답했다. 이번에도 선생님은 그 이유를 물어 보았다.

"(쉬운 퍼즐을 가리키며)이건 왜 맞추기 싫어? 아까 잘했잖아."

"(짝이 안 맞는 퍼즐을 가리키며)이게 더 재밌을 것 같아요!"

도전을 두려워하는 아이, 도전을 즐기는 아이

미처 맞추지 못한 어려운 퍼즐을 선택한 아이들의 대답은 한결같았다. 어렵긴 하지만, 이미 맞췄던 쉬운 것보다는 더 재미있다는 것이었다. 이것이 바로 학습목표를 가진 아이들의 특징이다. 학습목표를 가진 아이들은 배우는 데 초점을 두고 있기 때문에 쉬운 문제를 선택하지 않는다. 좀 더 어렵고 도전적이어서, 그래서 그 안에서 실수하고 틀릴지라도 그것을 통해서 새로운 원리를 터득하고 새로운 문제해결방식을 배울 수 있는 과제를 선택한다.

그러나 자신이 얼마나 퍼즐을 잘하는지 보여주려고 하는, 다시 말해서 평가목표를 갖고 있는 아이들은 실제로 실험이 증명해 보였듯 어려운 문제를 선택하지 않았다. 쉬운 퍼즐을 선택한 지수라는 아이도 그랬다.

"왜 싫어요?"

"어려워요."

"아, 어려워요?"

몇 번을 물어도 지수는 쉬운 퍼즐을 택하겠다고 대답했다.

못다 맞춘 퍼즐을 다시 한번 해 보지 않겠느냐는 질문에 원주라는 아이 역시 고개를 절래절래 흔들었다.

"우리 원주, 왜 이거는 하기 싫을까?"

"휴······. 너무 힘들어요."

평가목표를 가진 아이들의 특징 중 하나는, 실패 상황에서 눈에 띄게 자신감이 없어진다는 것이다. 준영이란 아이는 실험 초기에는 자신이 퍼즐을 매우 잘한다고 말했었다. 그런데 짝이 맞지 않은 퍼즐을 맞추는 과정에서 두 번의 실패를 겪고 나자 준영이는 부쩍 자신감을 잃어버린 모습을 보였다. 아예 퍼즐 자체에서 흥미를 잃은 것처럼 보였다.

캐롤 드웩 교수의 말을 들어 보자.

"학습목표를 가지면 어떤 일이 잘 안되더라도(실패 상황에서도) 낙관적이고 자신감 있는 태도를 유지할 수 있습니다. '흠······. 이런 건 아주 자연스러운 배움의 한 과정이야, 뭐. 나는 아직도 배우는 중이고 발전하는 중이니까' 이렇게 생각하면서 용기를 잃지 않습니다. 반면, 평가목표를 가진 아이들의 경우에는 '이런, 이 실패는 내가 능력이 없다는 걸 증명하는 거야'라고 생각하며 자신의 낙관적인 태도와 자신감을 상실하는 것입니다."

만약 독자들의 자녀가 이 실험에 참가했다면 어떤 퍼즐을 선택하기를 원하는가? 당연히 풀지 못했던 어려운 퍼즐을 선택하기를 바랄 것이다. 그것이 실패를 이기고 다시 도전하는 길이기 때문이다. 여기서 애초부터 불가능한 퍼즐이라는 점은 중요하지 않다. 아이들이 현실에서 맞게 될 과제는 직접 도전해 보지 않으면 알 수 없기 때문이다.

실패하면 주눅 드는 아이, 더 열심히 하는 아이

다른 실험을 살펴보자. 실패 원인이 능력이 부족했기 때문이라고 생각하는 것은 이후 행동에 어떤 영향을 줄까? 우리는 한 중학교 수영장에서 놀라운 사실을 확인했다.

TEST 귀인의 차이

- 중학교 1학년 수영 실기시험시간. 25미터를 20초에 통과하면 만점을 받는다. 9명의 학생들을 선발하여 1차와 2차로 나누어 두 번에 걸친 평가를 했다.
- 먼저 1차 때는 학생들이 도착한 시간에 2초를 더하여 실제보다 저조한 기록을 알려주었다. 평소보다 기록이 안 좋게 나오도록

해서 학생들에게 의도적으로 실패 상황을 만들어준 것이다.
- 학생들에게 기록이 나쁘게 나온 원인을 스스로 판단해보라고 했고, 반응은 크게 '능력 부족'과 '노력 부족'으로 나뉘었다.
- 이후에 실시한 2차 평가에서 나온 학생들의 기록은 매우 흥미로웠다. 과연 결과는 어땠을까?

1차 평가 후 학생들이 실패 원인을 스스로 분석하는 과정은 다음과 같았다. 학생들에게 각각 10개의 스티커를 나눠주고, 실패의 원인을 적어 놓은 '귀인판' 앞으로 가서 자신에게 해당하는 란에 스티커를 붙이도록 했다. 귀인판의 보기 내용은 크게 노력 부족('운동을 열심히 안 해서', '최선을 다하지 않아서')과 능력 부족('기술이 부족해서', '실력이 부족해서')으로 나누었다. 조사 결과, 노력 부족으로 원인을 돌린 아이들이 3명, 능력 부족으로 원인을 돌린 아이들이 6명으로 나타났다.

자, 그렇다면 이번에는 기록 실패의 원인을 어디에 두었는지가 과연 다음 2차 기록에 어떤 영향을 미쳤는지 살펴보자.

실패의 원인을 노력 부족으로 돌렸던 곽헤레나 학생의 두 번째 도전. 곽헤레나의 2차 기록은 1차에 비해 무려 0.6초가 단축되었다. 참가학생 9명 중 가장 크게 향상된 기록이었다.

반면, 실패의 원인을 능력 부족이라고 생각했던 황유정 학생의

2차 시도. 황유정은 1차에 비해 무려 3초나 늦어졌다. 참가학생 중 가장 크게 떨어진 기록이었다.

"내가 원인을 어디에 돌리느냐에 따라 차후 행동이 달라진다는 것입니다. 실패 시 가장 큰 원인은 두 가지, 즉 나의 능력이냐 나의 노력이냐는 것인데요. 만약에 노력이 원인이라면 다음에 또 노력을 하겠다고 다짐하며 후회를 하겠지요. '아, 내가 왜 더 노력을 하지 않았을까' 하고요. 하지만 나의 능력이 원인이라면 다음부터 노력할 필요가 없어집니다. '난 어차피 안돼' 하는 생각을 하게 되는 것이지요."

경희대학교 교육대학원의 권준모 교수의 말이다.

이쯤에서 전체 학생들의 결과를 한번 살펴보자 (77쪽 표 참조). 1차에서 부진의 원인을 '노력 부족'이라고 대답했던 아이들 3명 중 2명은 기록이 향상됐다. 하지만 '능력 부족' 때문이라고 답했던 아이들 중에서는 1명만이 향상되었을 뿐 나머지 4명은 모두 떨어졌다.

실패의 원인을 어디에 돌리는가 하는 문제는 이후 행동에 큰 영향을 끼친다는 것이 입증된 셈이다. 그리고 그 출발점이 바로 목표 설정이다.

평가목표를 가진 아이들의 경우에는 자신의 실패에 대해서 능

⟨귀인 성향에 따른 기록 변화⟩

이 름	실 패 원 인	기 록 변 화
곽혜레나	노력	0.6초 ↑
강서라	노력	0.2초 ↑
이지현	노력	0.7초 ↓
김진경	능력	0.4초 ↑
노윤영	능력	―
곽현아	능력	0.8초 ↓
김혜연	능력	0.8초 ↓
한희정	능력	0.5초 ↓
황유정	능력	3초 ↓

력 없음으로 귀인한다. 그러니까 용기나 자신감을 잃게 되고, 실제 수행능력도 손상된다. 하지만 학습목표를 가진 아이들은 자신의 실패에 대해서 노력의 불충분함이나 부적절한 전략과 방법으로 귀인하며 수행능력이 오히려 향상된다.

포기하는 아이, 포기하지 않는 아이

여기 두 가지 문제가 있다. 어렵긴 하지만 새로운 것을 배울 수 있는 문제와 자신이 얼마나 잘하고 똑똑한지를 보여줄 수 있는 문제다.

독자라면 어떤 문제를 선택할 것인가? 단, 문제를 선택하고 푸는 과정을 누군가 보고 있다는 조건에서다. 꼭 문제에 국한될 필요는 없다. 아빠라면 회사 업무와 관련지으면 될 것이다. 어렵지만 업무 능력을 향상시킬 수 있는 일과 현재의 업무 능력이라면 충분히 해낼 수 있는 일 중 어느 것을 선택하겠는가.

이 질문에 어떤 답을 하느냐에 따라 학습목표 성향인지 평가목표 성향인지 알 수 있다. 지금까지 이 책을 충실하게 읽은 독자라면 당연히 '어렵지만 배울 수 있는 문제'를 선택해야 한다는 것을 알고 있을 것이다. 하지만 선뜻 그러한 학습문제를 선택하지 못한다면 스스로 평가목표 성향이 아닌지 의심해 볼 일이다.

우리는 아이들의 목표 성향을 분석하기 위해 초등학교에 다니는 두 아이들을 데리고 한 가지 실험을 해보았다.

먼저 여인환, 우대백, 이 두 아이들에게 각각 '어렵긴 하지만 새로운 것을 배울 수 있는 학습문제'와 '자신이 얼마나 똑똑한지를 보여줄 수 있는 평가문제' 중 하나를 선택하도록 했다. 그러자 인환이는 평가문제를, 대백이는 학습문제를 선택했다.

두 개의 문제가 각기 다른 난이도의 것처럼 보이지만, 사실 두 개 모두 똑같은 문제였다.

이윽고 테스트가 끝나고 채점을 하였다. 그러고는 아이들에게 실제 성적의 반 정도로 낮추어서 결과를 알려주었다. 그러니까 11문

실패하면 좌절하는 아이, 더욱더 힘을 내는 아이 077

제를 모두 맞춘 인환이에게는 6개를 맞췄다고 이야기하고, 7문제를 맞춘 대백이에게는 3개를 맞췄다고 알려줬다. 이 같은 결과를 듣고 과연 아이들 마음속에는 어떤 생각들이 떠올랐을지 상상해 보라.

잠시 후, 2차 문제를 풀어보게 했다. 문제의 난이도는 1차 때와 비슷한 것이었다. 1차 때의 결과로만 보면 이번에도 평가목표 성향인, 즉 만점을 받았던 인환이가 더 많은 문제를 맞추는 것이 당연하다. 그런데 전혀 다른 결과가 나왔다.

학습목표 성향이 강한 대백이는 2차에서 8개의 문제를 맞췄다. 1차 때보다 오히려 1문제를 더 맞춘 것이다. 그리고 평가목표 성향이 강한 여인환. 1차에서 만점을 받았음에도 불구하고 놀랍게도 2차에서는 4문제 만에 포기를 하고 말았다. 어려운 상황이 닥쳤을 때 평가목표를 가진 아이는 동기를 완전히 잃어버린 것이다.

왜 이런 일이 생긴 것일까?

학습목표 성향의 아이는 이렇게 생각했을 것이다.

'음, 문제를 더 풀 수 있다. 그러면 조금 더 배울 수 있다.'

여기에는 긴장이나 두려움이 없다. 배움에 대한 설렘이 있을 뿐이다. 그런데 평가목표 성향의 아이는 1차 때의 낮은 성적 – 실제로는 만점이지만 – 때문에 이미 두려움이 생겼다.

'또 잘 못하는 걸 풀어야 해. 이번에도 또 많이 틀릴 텐데……'

이미 잘하지 못할 거라고 생각하기 때문에 그 스트레스를 견디는 것보다는 오히려 포기하는 편이 낫다. 평가목표를 가진 아이들이 실패를 받아들이기 힘든 이유는 그 실패는 자기 자신과 자기의 능력에 대해서 중요한 것을 말해주는 것이라고 생각하기 때문이다. 즉, '나는 능력이 없어'라는 의미로 받아들이기 때문에 좌절하게 된다.

우리는 이번 실험을 통해 평가목표 성향의 아이가 실패를 경험했을 때 어떤 치명적인 위험에 노출되는가를 짐작할 수 있었다.

누구나 좋은 점수를 받기를 원하고 남 앞에서 똑똑하게 보이기를 원한다. 하지만 모든 일을 항상 잘할 수만은 없다. 살면서 수없이 맞닥뜨릴 실패와 좌절의 상황에서 위기를 딛고 일어서게 만드는 힘, 그것이 바로 학습목표의 힘이다.

학습목표를 가진 아이가 행복하다

독자들은 이쯤에서 공부를 잘 하는 아이, 좋은 대학을 간 아이, 나아가 성공한 모든 사람이 학습목표 성향이 강한 사람이냐고 물을 수도 있다. 물론 아니다.

다른 사람에게 좋은 평가를 받고 싶은 욕구가 강하고 자기통제력도 뛰어나다면 좋은 대학을 가고 사회에서 성공을 할 수도 있다. 실제로 성공한 사람들 중에는 강한 평가목표를 갖고 있는 사람들도 있다. 문제는 그들이 반드시 행복하지만은 않다는 데 있다. 그리고 성공을 했더라도 한꺼번에 무너져버릴 위험이 크다는 것이다.

그 대표적인 예가 2003년 자살한 프랑스의 유명한 요리사 베르나르 루아조의 이야기다. 그의 식당은 우리에게 타이어 회사로 알려진 미쉐린에서 매년 발행하는 식당 및 여행가이드인 〈미쉐린 가이드〉에서 별 3개를 받았을 만큼 인정을 받는 곳이었다. 매년 50만 부 이상 판매되는 〈미쉐린 가이드〉가 프랑스 전역에서 별 세 개를 준 식당이 20개가 채 되지 않는다. 별 하나만 달아도 금방 좋은 식당으로 소문이 난다고 하니 별 세 개를 단 식당의 주방장의 명예가 어느 정도일지 쉽게 짐작할 수 있을 것이다.

요리사로서도 사업가로서도 성공한 그는 왜 자살을 했을까? 그것은 바로 그의 식당이 점수를 깎일 것이라는 소문 때문이었다. 그가 목숨을 끊은 것은 다른 식당 안내 책자인 〈고트밀로〉에서 2점을 깎인 뒤였다. 20점 만점에서 17점으로 떨어졌던 것이다. 그러자 〈미쉐린 가이드〉에서도 별 두 개의 평가를 받을 것이라는 소문이 돌았다.

그리고 단순히 낮은 평가를 받을 것이라는 두려움은 그를 끝내 죽음으로 몰았다. 참고로 별점을 빼앗길 것이라는 소문은 끝내 소문으로만 그쳤다.

이와 비슷한 사례를 우리는 뉴스 등에서 심심찮게 볼 수 있다. 특히 연예인이나 스포츠 스타 등은 평가목표의 희생양이 되기 쉽다. 한때 홈런왕이었던 메이저리그의 새미 소사는 약물 스캔들에 코르크 배트 부정사건을 저질렀다. 그 후 2005년 볼티모어로 옮긴 뒤에 타율 2할2푼1리, 14홈런에 그치며 팀에서 방출됐다. 그리고 일본으로 진출하려던 계획도 좌절되고 말았다. 98년, 99년, 01년에 걸쳐 무려 세 차례나 60개 이상의 홈런을 쳤던 그는 결국 오갈 데 없는 신세가 되고 말았다.

최고의 인기를 누리는 연예인이 인기가 떨어질지도 모른다는 두려움 때문에 마약을 하거나 최고의 역량을 갖춘 운동선수가 약물을 복용하는 것도 모두 평가의 두려움에 무너졌기 때문이다. 성적 때문에 자살하는 학생들 역시 평가목표의 희생양인 경우가 많다.

그들은 실패에 대한 두려움 때문에 늘 불안하다. 평가목표 성향이 강한 사람들의 목표는 현재 상태에서 더 발전하는 것이 아니라 성공한 사람이라는 평판을 유지하는 것에 있다. 그리고 단 한 번의 실패가 '성공한 사람'에서 '실패한 사람' 혹은 '이제는 전성기가 지난 사람'으로 만들 수 있다는 두려움을 갖고 있다. 그 두려움이 '원동력'이 되어 열심히 노력은 하지만 언제든 실패할 수 있다는 불안감을 떨쳐버릴 수가 없다. 스트레스가 가득한 삶을 살게 되는 것이다.

반면 학습목표 성향이 강한 사람들은 현재의 성공보다는 끊임없는 자신의 발전에 초점을 둔다. 잘나가는 회사의 사장 자리를 던지고 홀연히 미국으로 유학을 떠난 안철수 씨가 대표적인 예라고 할 수 있다.

그는 "어렸을 적부터 의사가 될 것이라는 점을 한 번도 의심한 적이 없었습니다. 하지만 최선을 다해 살다 보니 어느 날 안철수연구소를 설립해 경영을 하고 있었습니다. 이제 다시 최선을 다해 살기 위해 새로운 도전을 시작합니다."라고 말했다. 그에게 평판은 큰 의미가 없는 것이었다.

또, 유학 중 일시 귀국한 자리에서 가진 인터뷰에서 그는 "아직 영어가 충분하지 않아서 스트레스를 많이 받습니다. 신문을 볼 때 큰 제목에 나오는 단어를 모르면 속상하죠. 그래도 이 나이에 다시 토플 공부하고, 시험을 보니 재밌어요."라고 말했다.

그를 움직이는 동력은 새로운 것에 도전하는 것, 자신을 끊임없이 발전시키는 것이었다.

과연 무엇이 우리 아이들을 앞으로 나아가게 하고, 도전하게 하며, 진정으로 행복하게 하는 걸까? 한번쯤 진지하게 생각해 봐야 하지 않을까.

학습목표를 키워주는 환경을 만들어라

지금 우리 아이들을 둘러싼 환경은 어떨까? 대여섯 명의 학부모들이 둘러앉아 아이들에 관한 얘기를 나누고 있다.

"어느 날은 애가 와서 '엄마 나 90점 받았어' 이러더라고. 그래서 곧장 '그럼 지호는 몇 점 받았니? 하고 물었지. 지호가 우리 애랑 가장 친한 애거든. 어쨌든 지호보다 잘해야 그제야 안심이 되니까……"

"말도 마. 전교생이 시험을 봤는데, 우리 아들이 와서 이러는 거야. '엄마 나 100점 받았어!' 그래서 내가 몇 명이 만점을 받았냐고 물어봤지. 그랬더니 6명이 받았다는 거야. 생각해 보니까 뭐 전교생 중에 6명 안에 들었다니까 그럭저럭 잘했다 싶어서 그제야 잘했다고 한마디 해줬지."

"나는 우리 애한테 '네 누나는 너만할 때 이런 거 다 했는데, 우리 아들은 왜 못하는 거야?' 하면서 애한테 좀 스트레스를 주는 경향이 있어."

사실 이 같은 대화는 일상에서 자주 목격되는 자연스러운 모습들이다. 대부분의 부모들이 아이들에게 학교에서 무엇을 배웠는지보다 몇 점을 받았는지, 몇 등을 했는지를 묻는다. 성적, 석차, 남과의 비교, 경쟁을 이야기함으로써 아이들에게 끊임없이 평가목표를 전달하는 것이다.

부모가 자신의 자녀들에게, 또 교사가 학생들에게 평가적이고 판단적인 태도로 대하는 것은 매우 위험하다. 이런 것들을 통해 아이들이 '아, 이것이 나를 평가하는 것이구나', '이게 부모님이 나를 사랑할지 그렇지 않을지를 결정하는 것이고, 또한 선생님이 나를 존중할지 아닐지도 여기 달렸구나'라고 생각하게 된다. 그러므로 부모와 교사가 판단적인 태도를 가지면 우리 아이들은 그것을 내면화하게 되고, 모든 성공과 실패에 대해서 항상 걱정하고 염려하게 되는 것이다.

실제로 유아부터 초등학생까지 학부모 147명을 대상으로 조사한 결과, 우리나라 부모들은 아이들에게 학습목표보다 평가목표를 두 배 이상 더 많이 설정해주고 있었다.

⟨부모의 목표 설정 경향⟩

평가목표 48.9%

학습목표 23.4%

(공동조사 : EBS, 서울대 발달심리연구실)

　　이렇게 평가목표가 강조되는 환경은 아이들에게 구체적으로 어떤 영향을 미칠까. 텔레비전의 한 퀴즈 프로그램에 참가한 10명의 학생들을 대상으로 간단한 실험을 해보았다.

　　문제를 풀 때 1단계에서는 힌트가 1개 나오고, 2단계에서는 2개 나온다. 이렇게 4단계까지 있는데, 점수가 걸려 있는 상황에서 힌트를 몇 개까지 보고 싶으냐는 질문을 했다. 단, 힌트의 개수와 점수는 상관이 없다. 다시 말해서 하나의 힌트를 보고 문제를 맞히든 모든 힌트를 다 보든 점수는 똑같다. 힌트가 많을수록 답을 맞출 확률은 높아지지만 문제를 푸는 재미나 도전감은 줄어든다.

　　결과는 어땠을까? 아이들은 한 명도 빠짐없이 4단계를 선택, 네 개의 힌트를 모두 보겠다고 대답했다. 사회자가 그 이유를 물어보았다.

　　"조인성 학생은 왜 4단계를 선택했나요?"

　　"1,2단계짜리 풀었다가 틀리면……. 아무래도 위험부담이 있으니까요."

실패하면 좌절하는 아이, 더욱더 힘을 내는 아이 087

점수와 결과가 연결되어 있는 평가목표 상황에서 아이들은 너무나 당연하게 재미와 스릴 대신 안전을 택했다.

이번에는 점수가 걸려 있지 않다고 설명하고, 단순한 게임으로 생각한다면 몇 개의 힌트를 원하는지 물었다. 즉, 학습목표 상황을 만들었다. 그러자 1단계, 2단계 등 다양한 의견들이 나왔다. 점수가 걸려 있지 않은 상황에서는 재미있는, 즉 힌트가 적은 문제를 풀고자 했던 것이다.

점수, 경쟁, 시험이 지나치게 강조되는 평가목표적 상황에서는 재미와 도전, 배움의 즐거움은 없다. 평가목표를 조장하는 환경에서는 누구나 쉽고 안전한 길을 가려고 한다. 부모들이 평가목표 상황을 만들수록 아이로부터 학습의 즐거움을 빼앗고, 아이 스스로 능력을 발전시킬 수 있는 기회를 포기하게 만든다.

"그렇다. 정확히 그거다. 많은 아이들이 어릴 때는 무척 뛰어났다가 학년이 올라갈수록 점점 하강곡선을 그린다. 그러면 애들한테 도대체 무슨 일이 일어난 건가 모두 궁금해 한다. 우리는 연구를 통해 공부가 더 어려워진다거나 하는 중요한 전환점을 지나고 있는 아이들에 대해서 조사를 한 적이 있다. 미국에서라면 7학년에서 중학교, 고등학교를 갈 때 같은 경우에 해당한다. 이처럼 공부가 더 어려워지는 시점에서 평가목표나 무기력한 행동

양식을 가진 아이들은 자신의 능력에 대해서 걱정하기 시작했고 도전에서 한발 물러서는 모습을 보였다. 또, 문제가 어려워지면 노력하는 것을 중단했다."

캐롤 드웩 교수의 지적이다.
'혹시 내 아이가 천재가 아닐까?'
우리네 부모들도 자녀를 키우면서 한 번쯤은 이런 생각을 해봤을 것이다. 영재학교에 보내야 하는 건 아닌지 심각하게 고민했을지도 모른다. 그런데 유치원을 거쳐 초등학교 저학년까지 우수한 성적을 유지하던 아이가 고학년으로 접어들수록 조금씩 성적이 떨어지기 시작한다면? 과거 총명했던 아이를 기억하는 부모들은 아이에게 이렇게 말할 것이다.

"머리는 좋은데 노력을 안 해서 그래."

그래서 학원을 더 보내고 더 신경을 써주지만 성적은 제자리걸음이거나 더 떨어진다. 그러면 부모들은 본격적으로 아이를 압박하기 시작할 것이다.

"도대체 뭐가 문제니? 제발 공부 좀 해."

아이들이 공부하기를 싫어하고 나아가 새로운 것을 배우기를 두려워하는 것은 부모가 아이들에게 평가목표를 심어준 탓이 크다. 물론 학교의 점수와 석차, 사회 풍토 역시 한몫을 하고 있지만, 역시 가장 중요한 역할은 부모에게 있다.

　위의 캐롤 드웩 교수 연구팀의 한 실험에서 전혀 노력하지 않는 평가목표 성향의 학생들에게 "너의 정신을 다스리는 건 너야. 학습을 통해서 네가 더 똑똑해질지 아닐지를 결정하는 것도 너야. 두뇌 속에 새로운 연결조직을 만드는 것도 너야. 모든 게 다 너한테 달렸어."라고 강조하여 말해주었다. 그랬더니 실제로 이 아이들이 전과 달리 열심히 공부를 하기 시작했다. 다시 말해서 아이들을 '우리가 너를 판단하고 있어'라는 틀에서 꺼내어 '너는 더 영리해질 수 있어'라는 틀에 새로 넣음으로써 아이들의 노력을 재개시킨 것이다.

　모든 학부모들은 내 아이가 '시키지 않아도 열심히 공부하는 아이'가 되기를 바란다. 스스로 공부에 재미를 느끼고 누가 보던 보지 않던 간에 책을 읽는 아이, 실패해도 포기하지 않고 새로운 방법을 찾아서 더욱 열심히 노력하는 아이, 학습과 관련해 부모들이 이상적으로 생각하는 자녀가 바로 이런 모습이 아닐까. 그리고 이런 이상적인 태도를 보이는 아이들이 바로 학습목표가 강한 아이들의 모습이다.

　학습목표는 단순히 공부라는 상황에서만 끝나는 것은 아니다. 이제는 어른이건 아이건 평생 새로운 것을 끊임없이 배우지 않으면 살아남기 힘든 사회가 되었다. 하루가 다르게 새로운 지식과 기술이 쏟아져 나오고 있고 오늘 알고 있는 지식이 내일이면 쓸모없어지는 일도 허다하다. 따라서 배우는 것 자체에서 즐거움을 느끼지 못한다면 결국 도태되고 마는 것이다. 억지로 한다고 될 일이 아니다. 천재는 노력하는 사람을 이기지 못하고, 노력하는 사람은 즐기는 사람을 이기지 못한다고 하지 않는가.

사실 모든 사람들은 태어나면서 배우려는 욕구, 즉 강한 학습동기를 가지고 태어나는 것 같다. 이제 막 걸음마를 배우기 시작한 아기를 보라. 이 때 아기들은 하루 종일 엉덩방아를 찧는다. 넘어졌다고 좌절감을 느끼는 일도 없고 넘어진 것을 부끄러워하지도 않는다. 얼른 걸음이 배워지지 않는다고 짜증을 내는 일도 없다. 오로지 걸음을 '배우는 일'에만 열중한다.

걸음뿐만이 아니다. 잘 알아듣지도 못하는 말로, 엄마만 겨우 알아듣는 말로 끊임없이 말한다. 발음이 이상하다고 문법이 틀렸다고 부끄러워하는 일은 없다. 실패는 아이에게 아무것도 아니다. 그러다가 자라면서 자신을 평가할 수 있게 되고 또한 다른 사람의 평가를 인식하게 되면서 평가목표가 생기는 것으로 보인다.

그렇다면 정말 중요한 것은 교육이나 육아를 통해 아이들의 학습목표 성향을 얼마나 조절할 수 있는가 하는 문제가 아닐까.

우리는 초등학교 5학년 학생들을 대상으로 교사의 지도 방법이 아이들의 목표 설정에 주는 영향을 알아보았다.

TEST 아인슈타인의 천재성 혹은 노력

- 선생님이 아이들에게 아인슈타인이 어떻게 해서 20세기를 대표하는 최고의 과학자가 되었는지를 설명하며 어릴 적 일화와 특별한 사건들을 들려주었다.
- 실험은 두 개의 교실에서 각각 진행되었다. 한쪽 교실에선 아인슈타인의 위대한 업적이 그의 '천재성'에서 비롯됐음을 계속 강조했다.
- 또 다른 교실에서는 똑같이 아인슈타인 이야기를 하면서도 천재성보다는 물리학에 대한 '열정', 그리고 그의 '의지와 노력'에 초점을 두었다.
- 곧이어 양쪽의 아이들에게 네 가지의 문제 유형을 제시한 후 어떤 것을 선택할 것인지 물어봤다. 1번부터 3번까지는 평가목표를 보여주는 문제고, 4번은 학습목표를 나타내는 문제다.

① 많이 틀리지 않을 것 같은 문제
② 쉬워서 다 맞출 수 있을 것 같은 문제
③ 내가 얼마나 똑똑하고 잘할 수 있는지 보여줄 수 있는 문제
④ 좀 어렵긴 하지만 많은 것을 배울 수 있는 문제

과연 아이들은 어떤 문제를 선택했을까? 결과는 매우 의미 있는 것이었다.

'천재성'을 강조했던 반에서는 쉽고 똑똑하게 보일 수 있는 평가문제를 선택한 아이가 20명, 학습문제를 선택한 아이가 15명이었다. 반면 '노력'을 강조했던 반에서는 평가문제를 선택한 아이는 14명, 학습문제를 선택한 아이는 21명이었다. 아인슈타인의 열정과 노력에 관해 들은 아이들은 도전하고 싶고 무언가 새로운 것을 배우고 싶어 한 것이다.

이처럼 부모나 교사의 생각은 우리 아이들의 목표 성향에 직접적인 영향을 미친다. 어제보다 오늘은 무엇이 나아졌는지, 전에 모르던 것을 오늘 알게 되기까지 어떤 노력을 했는지, 노력을 통해 어떻게 능력을 발전시켰는지, 이런 이야기를 나누는 가운데 부모나 교사는 자연스레 아이들에게 학습목표를 심어줄 수 있다.

이어서 3부에서는 그렇다면 과연 어떻게 학습동기를 유발시키고 유지시킬 수 있는지, 그것을 위해 어떤 노력을 기울여야 하는지 좀 더 구체적으로 알아볼 것이다.

PART 03

동기 없는 아이는 없다. 다만 동기를 떨어뜨리는 환경이 있을 뿐이다. 성격이나 지능처럼 동기 역시 선천적으로 타고나는 것도 있지만, 육아와 교육을 통해 상당 부분 키우고 조절할 수 있다는 것이 교육심리학계의 중론이다. 제3부에서는 초등학생 자원자들을 대상으로 '동기 향상 프로그램'을 실시하여 동기가 아이들의 학업과 사회성에 어떤 영향을 미치는지, 그리고 동기가 저하되어 있는 아이들은 구체적으로 어떻게 지도해야 하는지 그 해답을 제시한다.

아이의 잠재력을 극대화시키는
동기 향상 프로젝트

타고난 학습동기를 잃어버린 아이들은 구체적으로 어떤 모습을 보일까. 그리고 이 아이들이 학습동기를 잃어버린 원인은 무엇이며 잃어버린 동기를 되찾아주는 방법은 무엇일까.

그것을 알아보기 위해 우리는 초등학생 자원자들을 대상으로 두 달간에 걸쳐 '동기 향상 프로그램'을 진행했다. 자원자들은 3,4학년으로 이뤄진 저학년 반 세 명과 5,6학년으로 구성된 고학년 반 네 명으로 나뉘어졌다.

우리는 순발력, 집중력, 기본 상식 등을 알아보는 각종 과제 상황에서 '동기'를 잃어버린 아이들의 전형적인 모습과 과연 무엇이 문제인가를 발견할 수 있었다. 잘못된 보상 때문에 학습 자체에 아예 흥미를 잃어버린 학윤이, 자기 자신이 아닌 부모에 의해 지나치게 높게 설정된 목표와 끊임없는 실패로 무력감에 빠진 순근이, 늘 자신이 똑똑해 보여야 한다고 생각하는 신영이, 어른들의 비교와 경쟁에 희생된 동성이가 그들이었다.

우리는 이 아이들의 사례를 통해 현재 우리 자녀들의 모습을 떠올릴 수 있을 것이며, 또한 그것을 해결할 방법도 함께 배우게 될 것이다. 그리고 무심코 내뱉는 부모와 교사들의 말이나 태도가 아이들에게 얼마나 중대한 영향을 미치는지에 대해서도 알게 될 것이다.

아이의 내적 동기를 키워라

보상이 없으면 흥미를 느끼지 못하는 학윤이

3, 4학년으로 이뤄진 저학년 반에서 가장 먼저 눈에 띈 아이는 학윤이였다.

프로그램 초기, 기본 상식과 순발력, 집중력을 알아보는 빙고 게임에서 학윤이는 계속 소극적이고 비협조적인 태도를 보였다. 어떤 과제가 제시되어도 흥미를 보이는 일이 없었다. 심지어 빙고 게임에서는 집중을 하지 않는 바람에 다 맞춰 놓고도 그것을 모르고 있는 일도 있었다. 과제를 잘 풀기 위해 남과 상의하거나 도움을 구하는 일도 없었다.

"좀 쉬고 있을게요."

아직 시간도 되지 않았고 문제를 다 풀지 않았는데도 책상에 엎드려 있기 일쑤였던 학윤이는 어떻게든 대충대충 빨리 해치워서 결과만 나오면 된다고 생각하는 듯했다. 한마디로 학습에 대한 동기가 전혀 없어 보였다. 학윤이의 이 같은 심각한 동기 저하는 어디에서 비롯된 것일까? 그 원인을 찾기 위해 우리는 학윤이의 일상을 따라가 보았다.

학교 수업이 끝난 후 찾아간 영어학원. 그 곳에서 학윤이는 우리의 동기 향상 수업시간에는 전혀 볼 수 없었던 새로운 모습을 보이고 있었다. 눈은 초롱초롱 빛났고, 어느 누구보다 잘하려는 의지를 보였다. 선생님의 지목을 받지 못하면서도 몇 번씩이나 손을 들고 발표 기회를 기다렸다.

무엇이 학윤이를 달라지게 한 것일까? 학윤이를 이처럼 적극적으로 변하게 한 요인은 무엇이었을까? 학원 수업이 끝날 때쯤 우리는 그 단서를 찾아낼 수 있었다.

수업 말미에 선생님은 학생들에게 사탕을 나눠주었다. 그리고 학윤이는 주머니 가득 사탕을 움켜 넣고 기분이 좋아졌다. 그런데 뭔가 이상하지 않은가? 원하기만 하면 언제든지 먹을 수 있는 사탕 몇 알 때문에 그렇게 적극적인 모습을 보여주었던 것일까? 사탕을 받는 것이 기분을 좋게 할 수는 있다고 해도, 평소 학습에 전혀 의욕을 보이지 않던 아이를 이렇게 기운 나게 할 정도의 것이었을까?

수업내용 분석과 여러 차례에 걸친 상담 결과, 학윤이에게는 잘못된 보상 개념이 있음을 알게 되었다. 학윤이에게 사탕 몇 알은 단순한 주전부리가 아니라 어떤 일을 한 데 대한 보상으로 작용했던 것이다. 학윤이의 가정생활을 살펴본 결과 이 점은 더욱 명확해졌다.

학윤이는 상을 받을 때마다 엄마로부터 500원씩을 받는다고 했다. 그 이유를 묻자 학윤이는 "잘했으니까요."라고 대답했다. 또 시험을 잘 보면 아빠가 휴대전화를 사주기로 되어 있었다. 그러니까 뭔가를 해준다고 하면 공부가 더 잘된다는 것이었다.

학윤이의 잘못된 보상 개념은 무슨 일을 할 때마다 보상이 주어진 결과였다. 학윤이에게 공부나 시험은 500원을 받기 위한 수단일 뿐이었다. 따라서 만약 충분한 사탕과 돈이 있다면 학윤이는 더 이상 공부할 필요가 없는 것이 된다.

많은 부모들이 아이들에게 뭔가를 시키기 위해, 혹은 무언가를 말리기 위해 보상을 제시한다. 보상이 동기를 크게 높여준다고 생각하는 것이다. 그러나 아이들에게 주는 보상은 다음의 우화에서 이야기되듯, 때로는 의도하지 않았던 결과를 낳기도 한다.

옛날 어느 마을에 혼자 사는 노인이 있었다. 노인의 조용한 집 창밑으로 언제부턴가 동네 꼬마들이 모여들어 시끄럽게 떠들며 놀기 시작했다. 참을 수가 없게 된 노인은 꼬마들을 집으로 불러 이야기했다.

"내가 귀가 잘 안 들려서 그러니 앞으로 날마다 집 앞에서 더 큰 소리로 놀아주겠니? 그러면 그 대가로 한 사람 앞에 25센트씩의 돈을 주마."

다음날, 아이들은 신이 나서 몰려왔다. 그리고 약속대로 25센트를 받은 후 큰소리로 떠들며 놀았다. 노인은 돈을 주며 다음날에도 또 와서 놀아 달라고 했다.

다음날도 그 다음날도 노인은 아이들에게 돈을 주었다.
하지만 금액은 20센트에서 15센트로, 10센트에서 5센트로 점점 줄어들었다.

"돈이 없어서 이 이상은 줄 수가 없구나."

그러자 아이들은 화를 내며 말했다.

"이렇게 적은 돈을 받고는
더 이상 떠들며 놀아줄 수가 없어요!"

그 후 노인의 집은 다시 평화를 찾게 되었다.

보상을 제시하는 것은 아이들의 동기를 조절하기 위한 가장 쉽고 효과적인 방법이다. 유치원이나 초등학교 저학년의 경우, 선생님이 아이들에게 스티커를 줌으로써 아이들을 격려하는 것을 자주 볼 수 있다. 그런데 이런 보상이 과연 의도대로 동기를 높여 주는 것일까?

여섯 살 유치원생들을 대상으로 보상이 동기에 미치는 영향을 실험해 보았다.

TEST
보상이 동기에 미치는 영향

- 아이들이 좋아하는 블록과 공룡 모형, 색찰흙 등 몇 가지 놀거리를 주고 30분 동안 원하는 것을 가지고 놀게 했다.
- 그 중에서 색찰흙에 관심이 많은 아이 11명을 뽑아서, 그 아이들을 다시 선물을 주는 보상집단과 선물을 주지 않는 무보상집단으로 나누었다. 그리고 다음과 같이 말해주었다.
- 무보상집단(5명) : "색찰흙으로 여러분이 좋아하는 것을 마음껏 만들어 보세요."
- 보상집단(6명) : "눈사람을 만들어주면 선생님이 예쁜 선물을 줄게요."

● 그리고 보상집단 아이들에게는 놀이가 끝난 뒤 약속대로 선물을 주었다.

일주일 후 다시 유치원을 찾았다. 선물을 받은 경우와 받지 않은 경우, 색찰흙에 대한 아이들의 흥미가 어떻게 달라졌는지 확인하기 위해서였다.

우리는 일주일 전과 마찬가지로 아이들에게 놀거리를 선택하라고 했고, 30분의 제한시간을 두고 아이들이 어떤 놀이 쪽으로 이동하는지 지켜보았다. 선물을 주지 않았던 무보상집단과 선물을 주었던 보상집단, 이 아이들이 각각 색찰흙 놀이에 얼마나 남아 있나 살펴보는 것이 실험의 초점이었다. 선물을 받았던 보상집단의 아이 가운데는 선물을 또 주는지 묻는 아이도 있었다.

처음에는 11명 모두 색찰흙 놀이로 모여드는 듯했지만, 30분이 지난 후 아이들의 반응은 확연히 갈라져 있었다. 선물을 주지 않았던 5명의 아이들 중 4명은 계속 색찰흙 놀이를 하고 있었다. 그런데, 놀랍게도 선물을 받았던 6명의 아이들은 모두 다른 놀이로 옮겨 갔다. 보상이 색찰흙에 대한 아이들의 흥미를, 스스로 하고자 하는 내적동기를 확실하게 떨어뜨린 것이다.

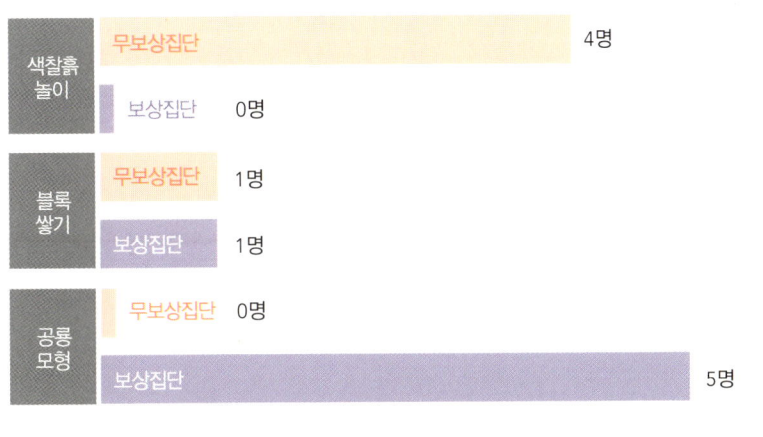

〈30분 후 아이들의 놀이 변화〉

　　나이가 어린 유치원생들에게만 보상의 역효과가 있는 것은 아니다. 대학생들을 상대로 한 실험에서도 유사한 결과가 나왔다.

　　실험은 모두 3차에 걸쳐 실시되었다. 1차 때는 별다른 얘기 없이 모든 학생들에게 퍼즐을 풀어보도록 했다. 그리고 2차에서는 절반의 학생들에게 퍼즐을 정확히 맞추면 돈(보상물)을 줄 것이라고 하고, 나머지 학생들에게는 1차 때와 똑같이 아무런 보상도 제공하지 않았다. 그러자 돈을 줄 것이라는 말을 들은 학생들이 그렇지 않은 학생들보다 퍼즐을 맞추는 데 더 많은 시간을 투입했다. 그리고 마지막으로 3차 실험에서는 모든 학생들에게 퍼즐을 맞춰도 되고 주변에 있는 잡지를 봐도 된다고 말한 뒤 학생들만 남겨두고 양면 거울 뒤에서 각각의 반응을 관찰했다. 결과는 역시 2차 실험에서 보상을 받은 경험이 있던 학생들이 그렇지 않은 학생들보다 퍼즐 맞추기에 시간을 더 적게 투입한 것으로 나타났다. 즉, 보상을 받았던 학생들은 보상이 없어지는 순간 곧바로 그 과제에 흥미를 잃게 된 것이다.

"동기를 증진시키기 위해 외적 보상을 주게 되면 학생들은 보상에 초점을 맞추고 자기가 그 일을 하는 이유가 보상에 있다고 믿습니다. 과제를 수행한 후에 '내가 이걸 왜 하지? 아, 저 사람이 선물을 주기 때문에, 돈을 주기 때문에, 칭찬을 해주기 때문에 내가 이걸 하는 구나'라고 잘못된 정당화를 하는 거죠. 이걸 과잉정당화라고 합니다. 잘못된 정당화를 하게 되면 과제가 주는 자체의 흥미는 사라지고 오로지 보상만이 내가 무언가를 하는 목적이라고 인식하게 됩니다. 이처럼 잘못된 귀인과 정당화 과정이 아이들의 흥미를 과제에서부터 보상으로 돌아가게 하는 역할을 하기 때문에 동기가 저하되는 것이지요."

고려대학교 교육학과 김성일 교수의 말이다.
부모나 교사의 의도와 달리 보상이 아이들의 내적동기를 떨어뜨린다는 실험 결과는 놀라운 것이었다.

"밥 다 안 먹으면 과자 안 줄 거야!"

"책 열 권 읽으면 스티커 하나 줄게. 열 개 모으면 갖고 싶은 장난감을 사줄 거야."

많은 부모들이 아이들에게 한 숟가락의 밥이라도 더 먹이기 위해 간식을 조건으로 내건다. 하지만 이렇게 되면 밥은 과자를 먹기 위해 치러야 하는 '고통스러운 대가'일 뿐이다. 밥은 먹기 싫지만 과자를 먹기 위해 억지로 먹는다고 인식하게 되는 것이다.

책 역시 마찬가지다. 읽는 책의 수만 중요할 뿐 그 안에 담긴 내용이나 이야기에는 관심이 없다. 오로지 장난감을 갖기 위해 빨리 읽는 것이 아이의 목표가 되고 만다.

그렇다면 모든 보상이 아이들의 동기에 부정적인 영향을 주는 것일까? 물론 그런 것은 아니다. 예컨대 책을 전혀 읽지 않는 학생에게 책 한 권을 읽을 때마다 천 원씩 주겠다고 한다면, 이는 책의 재미를 느낄 수 있는 기회를 제공하는 것이 된다. 하지만 계속해서 책을 읽을 때마다 천 원을 준다면 나중에는 누가 천 원을 주지 않으면 책을 읽지 않을 것이다. 그래서 처음에는 외적인 보상으로 유도하다가 나중에는 자연스럽게 책 자체의 내적인 즐거움에 빠져들도록 유도하는 것이 꼭 필요하다.

내적 동기는 아이 안에서 자체적으로 샘솟는 무한한 에너지다. 스스로 어떤 일을 하면서 즐거움이나 보람을 느낀다면 누가 시키지

않아도 열심히 노력할 것이다. 내 아이가 당근에 목을 매고 채찍이 두려워 달리는 사람이 되지 않기를 바란다면, 아이 스스로 배우는 것, 똑똑해지는 것 자체에서 즐거움과 보람을 찾도록 도와줘야 한다.

상을 받을 때마다 500원씩 받고, 학원 수업이 끝날 때마다 사탕을 받는 바람에 잘못된 보상 개념을 갖게 된 학윤이에게도 동일한 처방이 내려졌다. 결과에 대해 즉시 보상하지 않고 과정 자체를 즐기게 만드는 것이었다.

과정보다 결과에 집착하고 보상에만 매달렸던 학윤이는 프로그램이 중반에 접어들면서 점점 더 과제에 집중하는 모습을 보였다. 문제를 대충 풀어놓고 엎드려 있는 모습은 찾아볼 수 없었다. 두 달여의 프로그램을 통해 학윤이는 배우는 일의 즐거움을 깨닫기 시작한 듯했다. 그것은 학윤이에게 돈이나 선물과는 비교할 수 없을 만큼 소중한 경험이 됐을 것이다.

적절한 목표를 제시하라

무기력에 빠진 순근이

순근이는 동기 향상 프로그램 초기에 내내 자신감 없고 주눅 든 모습을 보였다. 문제풀이를 할 때는 답이 틀린 것을 알면서도 고치기를 포기했다. 왜 틀렸는지, 무엇이 잘못됐는지도 알고 싶어 하지 않았다.

"너무 복잡해요."

"분명히 나중에 까먹을 거야."

설명을 해주려고 해도 듣기를 거부하거나 잊어버릴 거라는 걱정을 먼저 하고 있었다. 어차피 들어도 이해하지 못할 것이고, 혹 이해하더라도 곧 잊어버릴 거라고 생각했다.

과제를 잘 풀면 운이 좋았다고 여기고, 결과가 신통치 않으면 자신이 못해서라고 말하곤 했다. 자신의 능력을 인정하지 않고

무조건 포기하는 태도, 이른바 학습된 무기력 상황이다. 지속적인 실패와 그로 인한 좌절감이 누적된 결과이다.

학습된 무기력에 대한 연구는 개를 대상으로 조건 형성 실험을 하는 과정에서 우연히 발견된 후 발전되었다.

1차 실험은 개를 묶어 놓은 상태에서 하루 동안 전기충격을 주는 것으로 시작되었다. 묶인 개는 움직일 수 없기 때문에 충격에 그대로 노출될 수밖에 없었다. 그 후 2차 실험에서는 개를 자유롭게 풀어놓고 도망갈 수 있는 상황을 만들어 준 뒤 전기 충격을 주었다. 그런데 개는 이번에는 움직일 수 있는데도 불구하고 피하지 않고 충격을 그대로 다 받았다. 물론 1차 실험을 거치지 않고 2차 실험에 노출된 개는 얼른 도망을 쳤다.

놀라운 사실은 1차 실험을 경험한, 즉 충격으로 도망갈 수 없는 경험을 한 개는 후에 도망을 치면 전기 충격을 피할 수 있다는 것을 경험해도 도망을 가지 않는다는 것이었다.

이처럼 실패를 피하기 위해 자신이 할 수 있는 일은 아무것도 없다고 믿을 때 무기력한 태도가 나타나게 된다. 무기력한 상황에서는 예컨대 타고난 능력이 다섯임에도 불구하고 본인은 하나 이상은 못한다고 전제한다. 이미 그런 전제가 되어 있기 때문에 어떤 과제에 대해서도 회피를 하게 되고, '나는 못한다'는 생각 때문에 더 이상 문제를 풀어낼 의지를 상실하고 만다. 동기 자체를 끌어내지 못하는 것이다.

순근이에게 나타난 무기력의 원인은 무엇일까? 우리는 순근이의 학교생활을 들여다보기로 했다.

과학실험 시간. 그런데 뜻밖에도 순근이는 밝고 활발한 모습으로 실험에 참가하고 있었다. 실험실에서 만난 순근이는 동기 향상 프로그램 중의 무기력한 모습과는 무척이나 달라보였다. 순근이의 무기력은 학습에 관한 부분에서만 나타난 것이었다.

"순근이는 한마디로 얘기하면 밝고 명랑하고 쾌활한 것 같아요. 즐겁게 생활하는 것 같고. 앉아서 조용히 생각하면서 학습을 하는 활동은 대충 빨리빨리 끝내놓고, 그리고 나서 더 즐거운 일을 하는 그런 경향이 있습니다."

학교의 과학 선생님이 본 순근이의 모습이다. 그렇다면 순근이 스스로는 공부에 대해 어떻게 생각하고 있을까?

"공부는 하기 싫은데 잘 하고 싶어요."

공부를 잘 하고 싶은데 왜 하기 싫은 것일까.

"공부가 재미없으니까요. 근데 성적은 좋게 나왔으면 좋겠어요."

그리고 소원은 빨리 어른이 되는 것이었다. 어른이 되면 공부를 하지 않아도 된다고 생각하기 때문이었다. 다시 말해 순근이의 소원은 공부를 하지 않는 것이었다. 공부에 대한 강박관념이 있는 것이다.

그렇다면 순근이가 갖고 있는 학습에 대한 부담은 어디서 시작된 것일까? 우리는 순근이 어머니와의 인터뷰를 통해 그것이 부모의 지나친 기대 때문이었음을 알게 되었다. 아이의 부모는 순근이의 형이 좋은 대학을 가지 못했다는 이유 때문에 "형 같이 되려면 공부하지 말라."는 이야기를 하고 있었다. 그러면 안 된다는 것을 알면서도 잘 고쳐지질 않더라는 것이다.

그러고는 꿈을 갖게 한다는 명분으로 순근이에게 성적이 매우 뛰어난 학생들만 갈 수 있는 특수 고등학교를 목표치로 제시했다.

"그 고등학교에 합격만 해 봐. 아파트에 현수막이라도 걸어 줄 테니까."

이처럼 너무 높은 부모의 기대는 순근이에게 벅찬 것이었을지 모른다. 실제 잠재력에 비해 벅찬 것이 아니라 순근이 스스로 생각하는 능력에 비해 너무 높은 목표치였던 것이다. 지나치게 높은 기대, 자신이 해낼 수 없을 것 같은 기대는 언제나 달성할 수 없는 것이 되고 만다. 그리고 그 목표를 생각할 때마다 지레짐작으로 실패를 경험하게 되는 것이다.

대부분의 부모들은 아이들에게 큰 기대를 하게 마련이다. 그런 기대 자체가 나쁘다고 할 수는 없다. 문제는 그것을 아이에게 강요할 때다. 부모가 지나가는 말로라도 '네가 ~했으면 좋겠다'고 하는 것은 '만약 네가 ~하지 못하면 너를 사랑하지 않겠다'는 말과 다르지 않다. 부모가 '네가 반에서 10등 안에만 들면 좋겠다'라고 말하면 아이는 '내가 10등 안에 들지 못하면 나는 사랑받을 자격이 없다'는 말로 인식하는 것이다.

스탠포드 대학교의 드보라 스타이펙 교수의 날카로운 지적을 들어보자.

"부모는 아이들이 성취할 수 있는 것 이상의 것을 요구하지 말아야 합니다. 너무 많은 기대를 하는 것은 어려운 일을 할 때 아이를 더욱 힘들게 합니다. 부모는 아이들의 현재 수준에서 약간 높은 수준으로 자신들의 기대치를 조정해야 합니다. 아이가 학교에서 성적이 안 좋을 때 부모는 '너는 성적을 많이 올려야 해'라고 할 것이 아니라 현재의 점수에서 조금 더 나은 점수, 즉 아이가 도달할 수 있는 점수를 기대해야 합니다. 도달하기 힘든 목표를 주는 것은 아이에게 너무 지나친 압력이어서 자신감을 심어주는 것이 아니라 오히려 아이를 낙담하게 만듭니다."

따라서 적절한 목표와 기대치를 설정하는 것이 중요하다. 이 때 적절한 목표는 현재 수준보다 조금 높은 것이어서 노력을 통해 달성할 수 있는 것이어야 한다. 아이들이 어려움에 봉착했을 때 약간의 도움을 줄 수는 있지만 어떤 일을 완수하거나 문제를 해결하는 책임은 항상 아이들이 갖도록 해야 한다. 그래야 스스로 해냈다는 유능감을 가질 수 있다.

아이가 스스로 어떤 부분을 잘 한다고 느끼게 하는 것은 동기를 갖게 하는 데 결정적인 요소다. 그런 느낌을 갖게 하는 데는 칭찬이 효과적이다. 그러나 이때의 칭찬은 '절대적인 칭찬'이어야 한다.

만약 교사가 특정 과목에서 우수한 성적을 거둔 학생에게 "너는 수학을 잘하는 구나."라고 말하면 그 말을 듣는 나머지 학생들, 그 학생보다 수학 성적이 낮은 학생들은 '아, 나는 수학을 못하는 구나'라고 생각하게 된다. 그러면 그 아이들은 수학에서는 결코 칭찬을 받을 수 없다는 것을 알게 되고, 자연히 수학에 흥미를 느끼지 못하게 된다.

남들과 비교하는 목적에서 평가적 칭찬을 해주어서 안 된다. 누가 어제보다 점점 나아지고 있고 변화를 갖고 있고 이러 이러한 면에서 발전하고 있구나, 하는 식으로 어떤 정보가 담긴 칭찬을 해주는 것이 중요하다. 그래야 '어, 이런 부분에 내가 소질이 있나 봐'라고 생각하게 되고, 그 부분에 대한 관심과 동기가 커지는 것이다.

"와, 그 문제를 푼 방식이 정말 멋지다. 어떻게 한 건지 한번 얘기해 줄래?"

"이 그림에 쓴 색깔이 정말 좋은데, 왜 이런 색으로 선택했니?"

"네가 쓴 얘기는 정말 흥미진진한 걸. 정말로 내가 거기 있는 것처럼 느껴져. 어떻게 그렇게 했는지 얘기 좀 해줘."

이런 식으로 과정을 칭찬하는 것이 아이로 하여금 계속 그 일에 몰입하게 하고, 자신의 성취에 대해 진정으로 기뻐하게 만든다.

한편, 앞에서 아이에게 과도한 목표를 강요하지 말라고 했는데, 그렇다고 너무 낮은 기준을 제시하는 것도 바람직하지 않다. 만약 영어 과목을 완전히 포기한 학생이 있다고 하자. 100점 만점에 20점을 넘지 못한다. 그것도 문제를 푸는 것이 아니라 답안지만 보고 '찍은' 결과다. 이런 학생에게 만점을 받아야 한다고 요구하는 것은 또다시 좌절감을 주는 것이지만, "50점만 넘어도 소원이 없겠다."고 말하는 것 역시 좌절감을 준다. 전자의 좌절감이 이룰 수 없는 목표에 대한 좌절이라면 후자는 자신의 능력에 대한 좌절감이다.

영어를 못하는 아이라고 해서 50점이 높은 점수라고 생각하지는 않는다. 만약 부모나 교사가 '너는 50점만 넘으면 아무 말 하지 않겠다'라고 하는 것은 '너의 능력은 50점밖에 안 된다'라고 말하는 것이다. 노력만 한다면 100점을 받을 수도 있다는 것을 알려줘야 한다. 다만, '지금은' '이번 시험에서는' 10점을 더 올리고 다음 시험에서는 다시 10점을 올리는 것이 중요하다는 것을 말해야 한다. 물론 이 때 점수는 성적이 아니라 실력이어야 한다. 점수 자체가 목적이 아니라 영어 실력 향상이 목적이다.

미국에서 중학교 때까지 살다가 온 학생은 영어 과목에서 쉽게 높은 점수를 받을 것이다. 이럴 때 단순히 높은 점수를 받았다는 이

유로 칭찬을 하는 것은 옳지 않다. 그 아이의 영어 실력이 오히려 퇴보되고 있을 수도 있기 때문이다.

<u>기준은 현재 실력에서 끊임없이 향상되어 나가는 것, 바로 '성장'과 '학습'에 있다.</u>

두 달에 걸친 동기 향상 프로그램에서 가장 큰 변화를 보인 건 순근이었다. 목소리나 표정에서 두 달 전의 순근이와는 확연히 다른 모습이 나타났다. 순근이를 위해 취했던 처방이라면 커리큘럼을 조정해 성공 경험을 늘려준 것뿐이었다. 그리고 성공에 대해 격려를 해준 것이 전부였다. 그것만으로도 순근이의 동기는 몰라보게 향상된 듯 보였다. 그리고 프로그램의 마지막 시간에는 처음으로 반장 역할을 자청했다.

지금 똑똑한 아이보다는
점점 똑똑해지는 아이로 키워라

똑똑한 아이 콤플렉스에 사로잡힌 신영이

  5, 6학년으로 이뤄진 고학년 반에서 우리는 신영이라는 아이를 주목했다. 신영이는 모든 과제를 깔끔하게 처리했고, 결과 또한 무난했다. 겉으로 보기에 신영이는 결코 동기가 적은 아이로 보이지 않았다. 문제는 어려운 과제가 주어졌을 때 나타났다.

  순간적인 기억력을 측정하기 위해 선생님은 아이들에게 다음과 같이 긴 문장을 그대로 따라하도록 했다.

  "나는 상냥하고, 깨끗하고, 순수하고, 예쁘고, 귀엽다."

  고학년 반의 누구도 이 말을 순서대로 그대로 따라하지는 못했다.

  이윽고 신영이의 차례. 앞의 비교적 쉬운 과제들에서는 능숙하고 자신감 있는 태도를 보였던 신영이는 갑자기 목소리가 기어들어

가고 있었다.

"선생님은……. 순수하고, 상냥하고……. 착하고, 아니아니, 예쁘고, 아닌데. 아, 몰라. 저 안 할래요. 기억하기 구역질나요."

신영이는 곧바로 성공하지 못하자 대뜸 짜증을 내며 문제를 거부했다. 실패 상황에서 동기가 급격히 떨어졌던 것이다.

이런 증상은 똑똑한 아이들, 특히 여자아이들에게서 많이 나타난다. 몇몇 연구에서 보면 가장 똑똑한 여자아이들, 누구보다 높은 성취를 이루는 여자아이들이 가장 평가목표의 피해를 입기가 쉽다. 이런 아이들은 만약 어떤 문제를 바로 풀어내지 못하거나 혼란을 겪을 때 실제로 수행능력이 떨어지는 모습을 보인다.

이 같은 똑똑한 아이 콤플렉스는 영재학교에서 두드러지게 나타난다. 성균관대학교 아동학과의 최인수 교수의 말을 들어보자.

"실제로 외국어고등학교 등의 영재학교를 다니는 학생들은 결코 어려운 과제를 선택하지 않아요. 그 학생들은 여태까지 자기가 지방학교에서 계속 1등을 해왔으니까, 한마디로 인정받고 싶다는 겁니다. 그런데 어려운 과제를 선택하다 보면 실패할 가능성도 높아지잖아요. 그리고 만약 실패한다면 그동안 받아왔던 인정과 자기가 1등이라는 느낌을 손상받을지도 모르니까 안정 위주의 문제만 풀게 되는 것이지요. 그래서 궁극적으로 학력 저하의 문제가 생기는 것입니다."

이런 아이들의 문제점은 어려서는 똑똑하다는 소리를 듣지만 커 가면서 발전이 없다는 것이다.

그렇다면 똑똑한 아이 콤플렉스를 가진 아이들은 실패의 원인을 자신의 능력 탓으로 돌릴까? 평가목표 성향이므로 당연히 그래야 한다고 생각할 수 있지만 그 반응은 단순하지가 않다. 실패 이후 반응은 자신의 능력에 대한 자각에 따라 달라진다. 만약 스스로 생각할 때 '나는 능력이 없어'라고 생각하는 아이라면 실패의 원인을 당연히 능력에 돌릴 것이다.

그러나 부모나 교사로부터도 '똑똑한 아이'라는 평가를 받아왔고 스스로도 그렇게 생각할 때 반응은 다양하게 나타난다.

수학을 예로 들어보자. 똑똑한 아이들은 저학년 때는 늘 만점에 가까운 점수를 유지한다. 선생님과 부모님들도 칭찬을 하고 스스로도 수학을 잘한다고 생각한다. 그런데 초등학교 4학년 혹은 중학교 1학년으로 올라가면서 수학의 난이도가 비교적 급격하게 높아진다면? 여태까지와는 달리 한두 번의 시도로 문제가 해결되지 않는 것을 경험한다. 노력을 한다면 풀 수도 있겠지만 만약 그랬다가 실패라도 하면 자신은 능력 없는 학생이 되고 만다는 불안감에 사로잡힌다. '나는 수학을 잘 한다'는 자기 이미지에 손상이 갈 수 있는 순간인 것이다.

이들은 똑똑하다는 자신의 이미지가 손상되는 것을 용납하지 못한다. 그래서 다양한 전략을 구사한다. 이럴 때 어떤 아이들은 이렇게 말할 수도 있다.

"수학은 너무 따분해."

이 말은 곧 '나는 수학에 재능이 있기 때문에 조금만 노력하면 잘할 수 있지만 따분해서 하지 않는 것뿐'이라고 말하는 것과 같다. 노력하지 않는다는 사실을 보여줌으로써 능력의 실체를 감추려는 행동이다. 이러한 행동은 계산된 것이라기보다는 스스로 가치 있는, 능력 있는 사람이라는 인식을 유지하기 위한 '자연스러운' 반응이다.

또 다른 전략은 내내 놀다가 시험이 코앞에 다가와서야 공부를 시작하는 것이다. 스스로 불리한 입장을 만든 후 '이런 상황에서도 나는 이만큼 했다' 혹은 '이런 상황이었기에 이 정도밖에 성적이 나오지 않았다'고 변명거리를 만든다. 그리고 이런 변명을 널리 알려서 많은 사람들이 알도록 한다. 그래야 누구도 자신의 능력을 의심할 수 없기 때문이다.

또 어떤 아이들은 지나치게 높은 수준의 목표를 설정하기도 한다. 누구나 실패할 것이기 때문에 이 역시 자신의 능력을 감출 수 있다.

그러나 실패를 피하려는 학생들, 자신의 능력이 드러나는 것이 두려워 변명을 만들어 내는 학생들의 이런 '속임수'는 오래가지 못한다. 계속해서 변명을 만들고 피하다 보면 어느 순간 제대로 할 수 있는 과제가 없다는 것을 알게 된다. 그리고 결국 스스로 자신이 무능력하다는 것을 인정할 수밖에 없다. 그렇게 되면 '나는 무능하기 때문에 아무것도 할 수 없다'라고 생각하게 된다. 학습된 무기력 상황에 빠지는 것이다.

이와 같은 문제를 해결할 방법이 없는 것은 아니다. 똑똑한 아이 콤플렉스를 갖고 있는 아이들, 즉 평가목표 성향이 강한 아이들도 학습목표 상황을 만들어 주면 실패를 두려워하지 않는다. 이것은 배우기 위한 과제이며 새로운 기술을 익힐 수 있는 기회가 되고 재미있을 거라고 말해주었을 때는 실패 경험이나 어려움이 그다지 문제가 되지 않았다. 계속 열심히 몰입했고 흥미를 보였고 문제를 효과적으로 풀었다.

한 실험에 따르면 '매우 어려운 과제'라고 말해주는 것만으로도 효과가 있었다고 한다. 무슨 말인고 하니, 아이들에게 예컨대 짝이 맞지 않는 퍼즐처럼 실패할 수밖에 없는 과제를 주고 실패 상황을 경험하게 했다. 그 후에 새로운 과제를 주면서 일부 학생들에게는 '쉬운 과제'라고 말해주고, 나머지 학생들에게는 '아주 어렵다'는 말을 해주었다. 그 결과 어렵다는 말을 들은 학생들의 과제 수행 수준이 더 높게 나타난 것이다.

아이들뿐만 아니라 어른들도 평가목표 성향을 가지게 되면 자신의 결점이나 단점을 있는 그대로 인정하지 못한다. 그것은 개선될 수 없는 것이기 때문에 그들 입장에서는 결점과 단점을 숨기는 것이

'현명한 행동'이다. 이 때 사용하는 방법 중 하나가 핑계를 대거나 다른 사람을 탓하는 것이다.

만약 회사에서 중요하게 진행하던 어떤 프로젝트가 실패를 했다고 하자. 학습목표 성향의 사람이라면 같은 실수를 반복하지 않기 위해 진행 과정에서 어떤 문제가 있었는지 점검하고 보완할 것이다. 그러나 평가목표 성향의 사람 중 '나는 똑똑하고 능력 있는 직원'이라고 생각하는 사람이라면 다른 원인을 찾을 것이다.

"우리 부장은 말이야, 너무 무능해. 부장이라는 사람이 할 줄 아는 게 아무것도 없어. 부장이라면 그 정도는 해결해내야 하는 거 아냐?"

"그쪽 회사 사람들 완전히 제멋대로야. 틀림없이 뇌물을 먹고 경쟁사에 일을 넘겼을 거야."

심지어 자신이 승승장구하지 못하는 이유가 오로지 나라 탓인 사람들도 있다.

"위에 사람들이 저러고 있으니 노력해봐야 소용없다니까."

"우리나라 국민성이 원래 그래. 남 잘 되면 배 아파하고 말이야."

사실 여부를 떠나, 문제는 그렇게 핑계를 대는 사이 자신을 업그레이드할 기회를 영영 놓쳐버리고 만다는 것이다.

모든 발전은 현재 자신에게 부족한 점을 인정할 때라야 가능하다. 무엇이 부족한지 알아야 개선의 필요성을 느끼고 어떤 조치를 취할 것 아닌가.

내 아이가 일이 뜻대로 풀리지 않을 때마다 변명을 찾거나 내 부족함의 희생양을 찾는 데 인생을 허비하지 않기를 바란다면 학습목표를 심어줘야 한다. 지금 똑똑한 사람이냐 아니면 계속해서 똑똑해지고 있는 사람이냐 중 어느 쪽을 선택하게 할 것인가. 그것은 부모 스스로에게도 마찬가지다.

신영이에게는 의도적으로 학습목표 상황을 만들어주면서 남에게 똑똑하게 보이기 위해 애쓰는 대신 진짜 실력을 늘리기 위해 노력하라는 처방이 내려졌다.

새로운 문제를 풀 때는, 어렵긴 하지만 그래서 실패할 수도 있지만 많은 것을 배울 수 있는 문제라고 말해주었다. 실패에 대한 부담감을 덜어준 것이다. 똑똑한 여자아이들에게 그들 자신의 능력 측정이 아니라, 학습에 초점을 두라는 메시지는 매우 중요한 것이다.

'어려우므로 누구나 실패할 수 있다.'

'이 문제에서 실패냐 성공이냐는 중요하지 않다. 많이 배우는 것이 중요하다.'

놀랍게도 정말 이런 처방만으로도 신영이가 느끼는 실패의 두려움을 없애줄 수 있었다.

# 절대적인 평가를 하라

비교와 경쟁의 분위기에 눌린 동성이

　　동기 향상 프로그램에서 고학년 반의 동성이는 산만하고 매사 잠시도 가만히 있지를 못하며 눈에 띄는 행동을 했다. 무엇이 동성이를 이렇게 행동하게 만드는 것일까?

　　동성이의 산만한 행동의 상당 부분은 동생인 동욱이보다 튀어 보이려는 데서 비롯된 것이었다. 연년생인 동성이와 동욱이는 유치원부터 초등학교까지 어디를 가든 쌍둥이처럼 붙어 다녔다. 그리고 집안에서도 집밖에서도 늘 함께 있는 형제는 자연스럽게 사람들로부터 비교대상이 되게 마련이었다.

　　형인 동성이는 소위 말하는 자기 세계가 있는 아이였고, 학생들이 많은 학교에서 선생님이 수용하기에는 돌출되는 부분도 있었

다. 반면 동생 동욱이는 과외 선생님이나 학교 선생님들이 대부분 칭찬하는 스타일이었다. 항상 칭찬받는 동생에 비해 가끔 꾸중도 들어야 했던 동성이에게 그것은 큰 스트레스였을 것이다.

다른 사람과의 비교와 경쟁 상황은 동기에 크나큰 악영향을 미친다. 특히 형제간의 비교는 바깥에서 남과 비교하는 것과는 비할 수 없을 만큼 큰 열등감과 좌절감, 무기력을 낳는다.

'난 왜 이럴까? 누나, 형, 동생은 공부를 잘하는데 왜 나만 공부를 못할까?'

이런 식으로 생각하다 보면 집 자체가 싫어질 수도 있다. 여기서 오는 심리적인 충격과 무력감은 아주 위험하며 스스로 해결하기도 어렵다.

아이를 양육하는 일은 시장에서 야채를 고르는 일이 아니다. 그런데 많은 부모들이 자녀들을 대할 때 마치 시장 가판에 놓인 야채를 고르듯 하고 있다. 당장 말도 안 되는 소리라며 화를 내는 독자들도 있겠지만 많은 부모들이 그렇게 하고 있다.

시장에서 야채가 싱싱하지 않으면 뭐라고 하는가?

"저쪽 가게 야채는 싱싱하던데 여기는 영 시들시들하네요. 가격도 똑같은데."

"저 가게 야채는 항상 저래. 싱싱한 걸 갖다놓는 법이 없어."

아이의 성적이 나쁘면 뭐라고 하는가?

"옆집 누구는 매일 100점이라던데, 너는 왜 늘 이 모양이냐. 똑같이 학교 가고 똑같이 학원 가는데."

"너는 항상 그래. 뭐 하나 제대로 하는 게 없어."

야채는 싱싱함이나 유기농 등 두세 가지 기준으로 판단할 수 있다. 그러나 아이는 아니다. 수십 가지 기준으로도 판단할 수 없으며 판단 자체를 내려서는 안 된다. 아이는 지금 성장하고 있고-그것은 어른도 마찬가지다-항상 가능성과 잠재력을 지니고 있는 존재다. 현재의 모습으로 판단하는 순간, 다른 사람과 비교해서 판단하는 순간 아이는 동기뿐만 아니라 자존감도 잃어버리게 된다.

"때때로 부모는 아이가 가진 재능에 대해 편협한 생각을 가지고 그 외의 부분에서 아이가 잘하는 것에는 주의를 기울이지 않습니다. 그러면 아이는 '나는 유능한 사람이 아니야', '나의 기술은 가치가 없어'라고 생각할 수 있습니다. 아이가 학교에서는 우등생이 아닐지 모르지만 사회에서는 사교성이 많고 따뜻하며 친구들에게 인기가 많을 수도 있습니다. 부모는 아이의 이러한 점이 사회에서 중요하다는 것을 인지해야 합니다. 아이는 음악, 미술 혹은 춤에 관한 재능, 아니면 사람을 웃게 할 수 있는 재능을 가지고 있을 수 있으며, 부모는 아이들이 자신이 잘할 수 있는 것을 스스로 인지할 수 있도록 도와줘야 합니다."

스탠포드 대학교의 드보라 스타이펙 교수의 말이다.

만약 독자들의 자녀가 선생님에게 다음과 같은 평가를 받았다면 어땠을까?

"이 아이에겐 어떠한 지적 능력도 기대할 수 없습니다."

"넌 결코 아무것도 될 수 없을 거야."

이런 상황에서 아이에게 이렇게 말한 엄마가 있었다.

"걱정할 것 없어. 남과 같아지려고 하면 결코 남보다 나아질 수 없는 법이란다. 하지만 너는 남과 다르기 때문에 기필코 훌륭한 인물이 될 거야."

낙제생 판정에 퇴학 권고까지 받은 아이였지만 한번도 '왜 남들처럼 못하느냐'고 꾸지람한 적이 없었다. 그 엄마의 아들이 바로 알베르트 아인슈타인이다.

아인슈타인은 태어날 때는 뒷머리가 너무 커 기형아로 의심 받았고, 뒷머리가 들어갈 무렵에는 말을 하지 않아 벙어리가 아닌가 걱정됐다. 겨우 말을 배우기 시작할 무렵에는 같은 말만 반복하면서 혼자 놀기에 집착했다. 그러나 이 아이가 훗날 어떤 인물이 되었는지는 말 안해도 잘 알 것이다.

각각의 아이들은 다 다른 개인이며 각각의 방식으로 배운다는 것을 우리 어른들은 알아야 한다. 아이의 동기를 키워주는 방법은 아이들로 하여금 그것에 대한 흥미를 느끼게 하는 것이다. 아이들이 몰입하는 모습, 노력하고 발전하는 모습을 칭찬하는 것이다. 아이들은 '너는 누구 누구보다 못하다'는 말을 들음으로써 발전하는 것이 아니라, 그 일에 몰입하도록 해줌으로써 결국 더 잘하게 된다.

"부정적인 비교는 정말 나쁩니다. 부정적인 비교는 말하자면 아이의 정신을 해체시켜 버리고 말지요. 비록 즉각적으로는 노력이 증가하는 것처럼 보일지 몰라도, 곧 그만두게 됩니다. 그것은 아이들이 학교를 좋아하게 만들지도 않고, 공부를 좋아하게, 열심히 노력하게 만들지도 못합니다. 단지 더 이상 벌받거나 비난받지 않도록 행동하게만 만들 뿐입니다. 그것이 부모가 아이를 이끌어 가고자 하는 방향은 아니겠지요? 결국, 아이들을 성공으로 이끄는 것은 배움을 사랑하고 노력을 사랑하고 발전을 사랑하는 부모의 태도입니다."

캐롤 드웩 교수의 말이다.

어떤 경우, 사교성이나 학업에서의 성취 등 모든 면에서 형제 중 가장 뒤떨어지는 아이가 있을 수 있다. 이런 아이에게 형이나 언니, 동생만큼만 되라고 하는 것은 씻을 수 없는 상처를 남긴다. 아이가 생각할 때 그것은 결코 따라잡을 수 없는 목표일 수도 있다.

누나나 형은 지금도 발전하고 있기 때문에 아이는 자신이 얼마나 노력을 해야 하는지 알 수 없다. 자신이 이루고자 하는 목표가 스스로 통제할 수 없는 것이기 때문에, 즉 기껏 노력해서 따라간다고 해도 형은 더 앞서 나가 있기 때문에 좌절감을 느낄 수밖에 없다. 혹 따라 잡을 수 있다고 해도 그 목표도 너무나 멀다. 목표를 이루고자 하는 생각 자체만으로도 좌절감을 느끼는 것이다.

반대로 동생과 비교될 경우, 동생보다 못할 때는 '동생보다 못하다'는 꾸지람을 듣는다. 그리고 동생보다 잘하는 일은 늘 당연한 것이 되고 만다.

아이가 국어 성적이 떨어질 때, 다른 아이들보다 성적이 낮기 때문에 문제가 되는 것이 아니라 어휘능력이 떨어지기 때문에 문제가 된다는 인식을 하도록 해야 한다. '비교적' 떨어지기 때문에 문제가 된다고 인식한다면 노력 자체를 포기하거나 어느 정도 성적이 올랐을 때는 현상 유지 이상의 노력을 기울일 필요가 없어지기 때문이다.

자신감과 자율성이 동기를 키운다

무력감은 스스로 하려는 마음, 즉 동기를 없앴다.
그렇다면 자신감은 동기에 어떤 영향을 미칠까?

TEST
자신감이 동기에 미치는 영향

- 생후 3개월 된 아기의 발에 끈을 묶어 모빌과 연결했다.
- 잠시 후, 아기는 자신이 발을 움직일 때마다 모빌이 흔들린다는 사실을 깨달았다. 그러고는 계속 발을 움직이며 그럴 때마다 함께 흔들리는 모빌을 보면서 즐거워했다.

> ● 이번에는 아기의 발에서 끈을 제거했다. 그러자 얼마 동안 두리번거리던 아기는 더 이상 발을 움직이지 않았고, 다시 처음의 무표정한 얼굴로 돌아왔다.

아기가 발견한 것은 자신의 행동과 주변 상황과의 관계다. 나의 행동에 따라 주변상황이 반응을 보였다는 사실, 내가 주변에 영향력을 행사할 수 있다는 자신감은 아기를 기분 좋게 만들고 무언가 하고 싶은 마음을 불러일으킨다. 그런 기쁨이, 그런 자신감이 계속해서 아기를 움직이게 만드는 힘이다.

인간은 누구나 주변 환경을 이해해서 스스로 통제하고 싶어 한다. 환경을 변화시킨 한 번의 체험은 이후 적극적인 행동을 불러온다. 이런 경험이 쌓이면서 자신감이 만들어지는 것이다.

자신감을 갖게 하는 데 가장 필요한 것은 자율성, 즉 자기선택이다. 누가 시켜서 한 일이 아니라 제 스스로 했다는 느낌이다. 스스로 유능하다고 느끼는 아이로 키우기 위해서는 먼저 자율적인 환경이 필요하다. 자기가 선택한 것을 잘 선택했다고 느낄 때 유능감이 생긴다. 자율적인 환경에서 성공할 수 있게 해주고 성공한 다음에는 칭찬을 해줄 때 유능감이 생기는 것이다.

만약 어떤 아이가 무언가를 혼자 힘으로 해낸 것이 아니라 누

군가의 도움으로 해냈다는 느낌을 갖는다면 자신에 대한 유능감을 가질 수가 없다. 그런데 이처럼 아이가 어떤 일에 대해 유능감을 느끼지 못하면 부모는 더욱 더 많은 도움을 주게 된다. 그야말로 악순환이다.

예컨대, 엄마들이 비즈 공예를 배우는 상황과 비교해 보자.

며칠 배워서 만든 작품을 집으로 가져가 남편과 아이들에게 자랑을 한다.

"이거 내가 만들었어."

복잡한 모양으로 꼬여 있는 부분을 가리키며 남편이 묻는다.

"이 부분은 어떻게 만든 거야?"

"응? 그거⋯⋯. 그 부분은 강사가 했어."

만들기 어려운 부분마다 강사가 도와주거나 만들어 버린다면 그것은 누구의 작품인가? 실력이 향상되지도 않을뿐더러 '내가 해냈다'는 자부심이나 '나 혼자 끝까지 만들 수 있다'는 자신감은 영영 가질 수 없을 것이다.

아이들도 마찬가지다. 부모가 도움을 많이 줄수록 아이는 일을 끝마치고 난 후에도 그 일을 자신이 해냈다는 느낌을 갖지 못한다. 결국 아이는 '방법은 내가 아니라 엄마가 알고 있어'라고 생각하게 된다.

실제로 우리 주변의 학부모들은 자녀들에게 얼마나 자율적인 환경을 제공하고 있을까?

우리는 한 놀이방을 찾아가 간단한 실험을 해보았다. 돌 지난 아이와 엄마들에게 몇 가지 장난감을 주고, 엄마들더러 아이에게 놀이 방법을 알려주라고 했다. 엄마가 아이에게 새로운 정보를 줄 때 어떤 태도를 취하는가를 알아보려는 것이었다.

실험에 참가한 대부분의 엄마들은 새로운 장남감이 주어지자마자 아이보다 먼저 나섰다. 하나하나 장난감을 집어 아기 손에 쥐어주는가 하면, 심지어 자신이 직접 해버리는 경우도 많았다. 좀처럼 아이들이 스스로 깨우칠 여유를 주지 않았다.

아이가 어느 정도 스스로 놀게 놔둔 엄마는 한 명뿐이었다. 그녀는 아이가 혼자서 하겠다고 나서는 순간, 한 발 뒤로 물러서서 지켜봐주었다.

이와 같은 엄마들의 서로 다른 반응은 아이들의 동기 형성에 어떤 영향을 미칠까? 잠시 후 우리는 엄마들을 놀이방에서 나가게 하고, 아이들에게만 새로운 장난감을 주고 각기 혼자서 노는 모습을 관찰했다.

스스로 장난감의 놀이 방법을 깨우치도록 놓아둔 아이들, 즉 마음껏 실패도 하고 성공도 하도록 내버려둔 아이는 새로운 장난감에 대해서도 많은 흥미를 보였다. 장난감에 집중하는 시간도 가장 길었다.

그러나 지나치게 간섭을 받았던 아이들의 경우, 예외 없이 새 장난감에 흥미를 느끼지 못하는 듯했다. 장난감에 집중하는 시간도

상대적으로 매우 짧았다.

부모가 아이들을 도와주고 보조하는 것이 아니라 지나치게 간섭하여 자율성을 빼앗는 경우, 아이들은 그 활동에 동기부여가 덜 되며 흥미 또한 덜 느끼게 된다. 이와 관련하여 캐롤 드웩 교수는 지적한다.

"부모는 아이로부터 어떤 활동을 빼앗아서 부모 스스로가 해버려서는 안 됩니다. 그런 행동은 아이에게 '너는 부적절한 사람이야. 너는 이걸 하는 방법을 몰라. 내가 전문가야' 이런 메시지를 전달하게 됩니다. 또한 이는 아이로 하여금 판단받는다는 기분을 느끼게 하고, 자신이 무능하다고 느끼게 합니다. 대신에 부모는 아이에게 제안을 한다든지 함께 고민해 본다든지 해야 합니다. '우리가 이제 다음에는 뭘 해야 한다고 생각하니?', '이 조각이 잘 맞을 거 같니?' 이런 식으로 말이죠."

예를 들어, 부모랑 아이가 레고 놀이를 하고 있다고 하자. 부모는 아이에게 약간은 도전적인, 그러나 너무 어렵지는 않은 과제를 선택해 주어야 하고 아이가 마음껏 실험해 볼 수 있도록 내버려두어야 한다. 제안을 하면서 아이가 스스로 만들어가는 과정에 관심을 가져야 한다. '뭘 하는 거니?' '어떻게 해보려고 그러니?' '다음에는 뭘 해야 할까?' 등등의 말을 하면서 그것을 아이의 활동으로 만들어줘

야 한다. 아이에게서 주도권을 빼앗거나 아이가 제대로 하지 못한다고 해서 조급해하거나 좌절해서는 안 된다. 아이가 마음껏 실험해볼 수 있도록 내버려두라. 그것은 아이에게 인내심과 몰입, 그리고 도전을 어떻게 해야 하는지를 가르치는 것이다. 한발짝 물러서서 조언자의 위치에 머물러라.

더 나아가, 부모가 아이에게 어떤 일에 몰입하는 것이 얼마나 재미있는 일이 될 수 있는지를 보여줌으로써 학습목표도 심어줄 수 있다.

어떤 프로젝트를 함께 하거나 자연을 함께 걸을 때조차도 항상 질문을 하고, 무언가 새로운 것을 배우는 것에 대한 흥분을 부모가 먼저 표현하는 것이 중요하다. 또, 어떤 도전적인 상황을 만났을 때, 예를 들어 아침에 자동차 시동이 걸리지 않았을 때에도 "와, 이거 진짜 재밌는 일이네. 우리가 어떻게 이 문제를 해결할 수 있을까?", "시도해 볼 수 있는 다른 방법들은 또 뭐가 있지?" 이런 식으로 반응할 수 있다.

아이가 학교 공부를 하다 막혔을 때에도 "와, 이건 기회야! 우리 이 문제를 어떻게 도전해볼지 생각해 보자." 이런 식으로 하는 것이다.

부모가 아이들과 함께 할 수 있는 일은 이처럼 매우 다양하다. 부모는 자신들의 행동으로 도전과 배움을 사랑하는 모델이 되어 줄 수 있으며, 아이가 도전이나 배움을 사랑하는 모습을 보일 때 그것을 칭찬해 줄 수 있다.

독이 되는 칭찬
약이 되는 칭찬

꾸중보다는 칭찬이 아이들에게 더 좋은 영향을 미친다는 것은 잘 알려져 있다. 이를 알고 있는 많은 부모들은 가능하면 칭찬을 하려고 노력한다. 그런데 어떤 칭찬은 오히려 독이 되기도 한다는 것을 아는가?

초등학생 아이들을 두 집단으로 나누어 실험을 했다.

우리는 두 집단 아이들에게 모두 똑같은 문제를 풀게 했다. 그런데 한 집단의 아이들에게는 문제를 맞힐 때마다 "아주 잘했어. 문제를 차분히 잘 풀어서 이렇게 잘하는 것 같아", "열심히 노력하더니 이렇게 잘했구나"와 같은 노력 중심을 칭찬을 했고, 다른 집단의 아이들에게는 "아주 잘했다. 머리가 정말 좋은가 봐", "이런 문제를 풀다니 아이큐가 정말 좋은가 보다"와 같은 능력 중심의 칭찬을 했다.

그리고 이 아이들에게 다음 중 어떤 문제를 풀고 싶은지를 물어보았다.

- 아주 쉬워서 다 맞힐 수 있을 것 같은 문제
- 쉬워서 많이 틀리지 않을 것 같은 문제
- 내가 잘할 수 있어서 내가 얼마나 똑똑한지 보여줄 수 있는 문제
- 좀 어렵긴 하지만 많은 것을 배울 수 있는 문제

아다시피 1번부터 3번까지는 평가목표형 문제이고, 4번은 학습목표형 문제다.

두 집단의 아이들은 과연 어떤 문제를 선택했을까? 결과는 아주 분명하게 갈라졌다. 노력 중심의 칭찬을 들은 아이들은 대부분 4번 문제를 선택한 반면, 능력 중심의 칭찬을 들은 아이들은 대부분 1, 2, 3번 중에 하나를 선택했다. 노력 칭찬만으로 아이로 하여금 어려워도 배우고 도전해보겠다는 학습목표를 갖게 한 것이다.

아이의 능력을 칭찬하면 아이가 심한 평가목표를 가지게 된다. 평가목표를 가진 아이들은 새롭게 배울 수 있는 것과 그들이 잘할 수 있는 것 중에서 선택하도록 했을 때 거의 대부분 후자를 선택한다. 배우는 것을 원치 않는다. 그러나 아이의 전략이나 노력을 칭찬하면, 90% 정도의 아이가 어려운 학습과제를 선택한다.

부모들이 흔히 하는 칭찬 중에는 '똑똑하다, 머리가 좋다, 정말

천재다'라는 말들이 많다. 이런 류의 칭찬이 문제가 되는 것은 아이의 능력이나 지능을 칭찬하고 있기 때문이다.

〈좋은 칭찬 vs. 나쁜칭찬〉

좋은 칭찬	나쁜 칭찬
• 참 잘했네. 네가 열심히 노력한 덕분이야. • 차분하게 잘했던 모양이네. 정말 잘했어. • 와! 지난번보다 두 개나 더 맞혔네. 어떻게 이렇게 잘할 수 있었니? • 잘했구나. 이번에 성적이 오른 이유가 뭐라고 생각하니?	• 와~ 넌 역시 똑똑해. • 잘했어. 넌 정말 천재야! • 역시 넌 나 닮아서 머리가 좋아.

실제 한 연구에서 아이들에게 능력을 칭찬한 후 더 어려운 과제를 주었더니 확실히 무기력한 패턴을 나타내는 것이 확인되었다. '나는 이런 문제 이제 싫어요. 나는 능력이 없어요'라는 반응을 보였고 실제 수행도 떨어졌다. 그리고 아이큐 검사를 실시한 결과 아이큐도 떨어졌다. 단지 아이의 능력을 칭찬했다는 이유만으로 그렇게 된 것이라는 게 놀랍지 않은가.

왜 이런 결과가 나오는 것일까? 그것은 능력과 지능을 칭찬하는 것이 아이의 지능에 대한 신념에 영향을 미치기 때문이다. 부모들은 흔히 지능이나 능력을 칭찬함으로써 아이의 자신감과 용기를 북돋아줄 수 있다고 믿는다. 하지만 아이가 잘했을 때 똑똑하다, 머리가 좋다고 칭찬하는 것은 반대로 아이가 못했을 때 머리가 나쁘고 바보라고 말하는 것과 같다.

부모가 아이에게 "이제 막 배운 건데 하나도 안 틀리고 잘 풀었네."라며 칭찬을 해준다고 하자. 이 말 역시 아이에게는 부모의 의도와 전혀 다르게 전해진다.

'아, 이제 막 배운 거라도 하나도 틀리지 않아야 칭찬을 받는구나. 칭찬을 받으려면 틀리지 않을 수 있는 것을 해야겠구나.'

"이렇게 빨리 풀었어? 정말 대단한데."라고 말하는 것도 '뭐든 빨리 풀어야 칭찬을 받는다'고 생각하게 할 수 있다. 하나도 틀리지 않는 것, 빨리 푸는 것은 학습이라는 행위와는 정반대에 있다. 어려운 문제, 새로 배우는 과제는 늘 틀릴 수밖에 없고 속도도 느릴 수밖에 없다.

칭찬을 하던 꾸중을 하던 거기에는 정보가 담겨야 한다. '똑똑하다, 멍청하다, 느리다, 빠르다, 완벽하다' 등과 같은 판단은 아이의 학습에 전혀 도움이 되지 않는다. 성공을 했다면 왜 자녀가 성공할 수 있었는지, 실패를 했다면 어디서 잘못된 것인지를 알려줘야 한다.

자녀가 뭔가를 시도할 때 부모의 역할은 아이를 판단하는 것이 아니라 학습에 도움이 되는 정보를 제공하는 것임을 명심하자.

부모가 먼저 변해야 한다

자녀에게 학습목표를 심어주기 위해서는 특별할 것도 없는 일상의 대화 속에서 아이들이 좋아하는 무언가를 이야기할 때 수시로 노력과 도전의 의미를 되새기고 칭찬해줘야 한다.

아이가 그다지 열심히 하지 않았는데도 수학문제를 완벽하게 풀어냈다고 해보자. 보통은 "너 정말 이걸 잘하는 구나."라고 말할 것이다. 그러나 이는 잘못된 것이다. 새로운 뭔가를 배우기 위해서는 어려움을 이기기 위한 노력이 필수적이다. 노력을 하지 않았는데도 풀어냈다는 것은 현재 자녀의 수준 이하의 문제를 풀었다는 뜻이다. 3학년이 2학년의 문제를 푼 것인데, 단지 하나도 틀리지 않고 풀었다고 해서 "잘하는 구나."라고 칭찬할 수는 없지 않은가.

아무것도 배우지 못하는 문제풀이는 시간 낭비나 다름없다. 만약 별다른 노력 없이 문제를 완벽하게 풀어냈다면, 조금 더 어려워서 뭔가 배울 수 있는 문제를 풀어보라고 하는 것이 좋다.

'오늘 수학 시험이 어땠어?'라거나 '몇 점 맞았니? 누구네 아이는 몇 점이니?'라고 하기보다 구체적으로 뭘 배웠는지 묻는 것이 좋다. 시험이 현재 자신의 수준을 점검하면서 뭔가를 배우는 기회라고 인식하게 하는 것이 중요하다.

저녁 식탁에서 아이에게 물어볼 수 있는 수많은 것들 중에서 '오늘 했던 일 중에서 어려웠던 것, 뭔가를 배울 수 있었던 일, 어제는 할 수 없었는데 오늘은 할 수 있게 된 것은 무엇이었는지' 물어보는 말들이 학습목표를 심어준다.

어제보다 오늘은 무엇이 나아졌는지, 전에 모르던 것을 오늘 알게 되기까지 어떤 노력을 했는지, 노력을 통해 어떻게 능력을 발전시켰는지, 이런 이야기를 나누는 가운데 부모나 교사는 자연스레 아이들에게 학습목표를 심어줄 수 있는 것이다.

이미 평가목표에 길들여져 있는 아이라면 몇 가지 조치로 하루 아침에 학습목표 성향으로 바뀔 수는 없다. 강한 학습목표를 가지고 태어난 아이들이 환경의 오랜 영향으로 평가목표를 가지게 되었듯, 다시 학습목표를 가지게 하는 것 역시 시간이 걸리는 일이다. 따라서 꾸준히 노력해야 한다.

우리나라 학부모의 칭찬 유형을 조사한 결과 노력이나 과정, 방법에 대한 칭찬보다 지능을 칭찬하는 비율이 두 배 정도 높았다. 이제 부모들은 자녀에게 뭔가를 이야기할 때 그것이 아이에게 어떤 메시지로 전해질지 신중하게 생각해야 한다. 자녀가 잘되기를 바라는 마음에서 한 행동이나 말이 오히려 자녀를 망칠 수도 있다.

어떤 말이 학습목표나 평가목표를 강화시키는지 그 모든 말들을 적는다는 것은 불가능한 일이다. 혹시 있다고 하더라도 그 많은 것들을 모두 외워둘 수도 없다. 어쩌면 외워서 쓴다고 해도 전혀 효과가 없을지도 모른다. 아이들은 과정과 노력을 칭찬하는 부모의 말이 진심인지 아니면 그저 책에서 그렇다고 하니까 하는 말인지 온몸으로 느낀다.

그러므로 먼저 부모와 교사 스스로가 학습목표 성향의 사람이 되어야 한다. 그것이 급선무다. 부모가 과정의 가치를 높게 여긴다면, 교사가 결과보다는 노력을 더 높이 평가한다면 아이들은 자연스럽게 그 영향을 받게 될 것이다.

여기 캐롤 드웩 교수가 힘주어 말한 내용을 마지막으로 인용한다.

"많은 사람들은, 만일 능력을 가지고 있다면 당연히 성취할 수 있을 거라고 생각합니다. 그러나 나는 내 일생 동안의 연구를 통해서 아주 높은 수준의 능력을 가지고서도 아주 적은 성취밖에는 이루지 못하는 아이들을 매우 많이 보아 왔습니다. 또한 일반적으로 아주 낮은 능력을 가지고 있다고 생각되는 학생이 굉장히 뛰어난 성취를 이루는 것도 보았습니다. 그것이 바로 동기의 역할입니다. 계속 이야기했듯이, 아이들이 학습목표를 가질 때 그들의 동기는 계속 높은 수준을 유지합니다. 비록 잘해내지 못할 때라도, 학습목표를 가진 아이들이야말로 어떻게 계속 효과적인 태도를 유지할지, 어떻게 배워나갈지, 그리고 어떻게 자신의 목표에 도달할지를 잘 알고 있습니다. 아이들의 동기는 진실로 성공으로 가는 열쇠입니다."

그렇다. 아이를 위해 최고의 것을 해주고 싶다면 학습목표와 동기를 반드시 심어주어야 한다. 그렇게 함으로써 비단 학교에서 공부 잘하고 어려움을 만났을 때 잘 견뎌내는 아이로 자라는 것뿐만 아니라, 아이들의 긴 인생 전반에 걸쳐 내내 가지고 갈 수 있는 어떤 근본적인 힘을 길러줄 수 있다.

우리 아이가 사회에서 꼭 필요한 사람이 되기를 원하는가?
아이가 실패와 좌절 앞에서 무릎 꿇지 않기를 바라는가?
무엇보다 우리 아이가 진심으로 행복하게 살기를 바라는가?
<u>그렇다면 동기야말로 부모가 아이들에게 줄 수 있는 가장 위대한 선물이다.</u>
스스로 원하고 스스로 선택해서 움직일 때 동기는 생겨난다. 잘

할 수 있다는 자신감이 있을 때 동기는 생겨난다. 그리고 내가 원하는 것과 내가 잘하는 것을 응원해주는 사람들이 곁에 있을 때 동기는 저절로 생겨난다.

처음부터 동기가 없는 아이는 없다. 다만 동기를 떨어뜨리는 환경이 있을 뿐이다. 아이들의 동기를 향상시키는 환경, 이제 그것은 온전히 어른들의 몫이다.